Magister à discipulo edoctus in causa Conceptionis Beatissimæ Virginis Mariæ.

L'homme irreprochable en sa conversation, divisé en trois parties, en chacune desquelles est traittée la maniere de parler &c. par Charles Bonne-fille Bachelier en Théologie.

Homo politicus hoc est Consiliarius novus &c. autore pacifico à lapide.

Mater honorificata, sive de laudibus, excellentijs, ac prærogativis divinæ Annæ, operâ & studio R. P. Ioannis Thomæ à sancto Cyrillo donec corrigatur.

Nova concordia prædestinationis cum libertate humana, autore Fratre Gregorio de Sebenico.

Paradiso Catholico per l'amme devote.

Vniversæ historiæ cum sacræ tùm prophanæ idea, studio & opera Ioannis Bunonis.

Folia quædam partim Gallicè partim latinè edita, quorum tituli sunt.

De elogio primo ac præcipuo doctrinæ Angelici Doctoris sancti Thomæ Aquinatis occasione pertinenti cujusdam impertinentis &c.

Propositiones Belgis-unito Romanæ ac papales. Iterum prohibetur hoc folium cum elucidationibus cum quibus fuit iterum impressum.

Scalæ Iacob Virginibus Deo cum proposito perpetuæ continentiæ &c. à R D. Ioanne Linderborn &c. applicatæ, SS. T. Doctore Abrahamo Mathio &c. approbatæ, facultate Ioannis Episcopi Certoriensis &c. impressa, flosculi electiores.

Mandement de Monseigneur l'Evesque & Comte d'Alet sur la signature du Formulaire.

Mandement de Monseigneur l'Evesque de Pamiez sur la signature du Formulaire.

Mandement de Monseigneur l'Evesque & Còmte de Beauvais, Vidame de Gerberoy, Pair de France sur la signature du formulaire.

Mandement de Monseigneur l'Evesque d'Angers sur la signature du Formulaire.

Memoire sur la cause des Evesques qui ont distingué le fait du droit.

Second memoire contenant la response aux raisons politiques que le P. Annat allegue pour porter à poursuivre les Evesques qui ont distingué le fait & le droit.

Troisième memoire contenant les Reflexions sur le memoire presenté de la part de S. M. à ceux qu'elle a fait consulter touchant l'affaire des Mandemens.

Quatrième memoire sur l'iniquité & les pernicieuses consequences de la conduite que les Iesuttes inspirent au Pape pour tourmenter les Evesques qui ont distingué le fait & le droit.

Cinquième memoire sur le droit qu'ont les Evesques de n'estre jugez que par douze Evesques de leur Province, maintenu par l'Assemblée generale du Clergé de France de l'année 1650. & confirmé par la Declaration du Roy de 1663. sur les articles de Sorbonne verifiée dans tous les Parlemens.

In quorum fidem manu & sigillo Eminentissimi & Reverendissimi DD. Cardinalis Ginetti Episcopi Portuensis supradictæ sacræ Congregationis Præfecti præsens Decretum signatum & munitum Romæ in Palatio Apostolico Quirinali 18. Ianuarij 1667.

M. *Episcopus Portuensis Card Ginettus Præfectus.*

Loco † sigilli.

Fr. *Vincentius Fanus Ord. Præd. sacr. Cong. Secret.*

Anno à Nativitate Domini nostri Iesu Christi 1667. indictione quinta die verò 18. mensis Ianuarij Pontificatus autem sanctissimi in Christo Patris & D N. Alexandri divina providentia Papæ septimi, anno doudecimo, supradictum Decretum affixum & publicatum fuit ad Valvas Basilicæ Principis Apostolorum, Cancellariæ Apostolicæ, ac in acie campi floræ, ac in alijs locis solitis & consuetis urbis per me Franciscum Perinum sanctissimi Domini nostri Papæ cursorem.

Petrus Paulus Desiderius curs. Mag.

Romæ ex Typographia Reuerendæ Cameræ Apostolicæ 1667.

Tous ces Prelats remarquerent particulierement que cette Congregation condamnoit les Mandemens des quatre Evesques nommez cy-dessus sur la signature du Formulaire dressé par le Pape, & inseré dans la Constitution du 15. Fevrier 1665. & cinq memoires anonymes, & comme ils s'aperceurent par le titre du dernier de ces memoires qu'il contenoit les déliberations, lettres, & autres actes de l'Assemblée generale du Clergé de France tenuë en 1650. touchant la forme de juger les Evesques, & la Declaration du Roy sur les six articles qui avoient esté presentez à S. M. par Monsieur l'Archeveque de Paris, registrée dans tous les Parlemens & dans toutes les Vniversitez du Royaume, ils creurent que l'intention de cette Congregation avoit esté de donner atteinte aux libertez de l'Eglise Gallicane.

Monsieur l'Evesque de Mende, lequel estant Romain, connoist parfaitement la politique & toutes les finesses de la Cour de Rome remarqua, qu'il sembloit à la verité que ce Decret n'interdisoit la lecture que du cinquième memoire dont on ne connoist point l'auteur, & auquel per-

RELATION VERITABLE
ET EXACTE

De ce qui s'est passé dans quelques Assemblées des Evesques de Languedoc pendant les Estats tenus à Carcassonne cette année 1667. à l'occasion d'un Decret de la Congregation de *l'Indice*.

MONSIEVR l'Archevesque de Toulouse presidant aux Estats en l'absence de Monsieur l'Archevesque de Narbonne receut de Rome au mois de Fevrier de cette année *1667.* un Decret de la Congregation de *l'Indice* du 18. Ianvier qu'il fit voir à plusieurs personnes de l'Assemblée, disant que c'estoit un acheminement & un preparatoire à la condamnation de Messieurs les Evesques d'Alet, de Pamiez, d'Angers & de Beauvais, pour le jugement desquels le bruit estoit qu'il devoit estre l'un des Commissaires, & mesme President de la Commission.

Toutes les personnes intelligentes souhaittoient de voir ce Decret; mais principalement Messieurs les Evesques qui prenoient plus de part à cette affaire que les autres, & Monsieur l'Archevesque de Toulouse estoit bien aise de satisfaire leur curiosité.

Le Dimanche de la Quinquagesime vingtiéme de Fevrier, de quinze Prelats qui estoient venus aux Estats, treze se trouverent au Palais Episcopal de Carcassonne qui est dans la Cité, c'est à sçavoir Monsieur l'Archevesque de Toulouse & Messieurs les Evesques de Viuiers, de Carcassonne, de Montauban, d'Vsez, de Comenge, de Mende, de Castres, de Mirepoix, de Lodeve, de Rieux, de S. Pons, & du Puy. Monsieur l'Evesque de Nismes s'estant retiré dans son Diocese à cause de ses infirmitez, & Monsieur l'Evesque de S. Papoul estant demeuré à son logis pour quelque legere indisposition qui l'obligeoit à garder la chambre ce iour-là.

Monsieur l'Archevesque de Toulouse tira de sa poche ce Decret dont voicy la teneur.

Decretum sanctæ Congregationis Eminentissimorum & Reverendissimorum D. D. S. R. E. Cardinalium à sanctissimo D. N. Alexandro Papa VII. sanctaq; Sede Apostolica ad indicem librorum eorumdemq; permissionem, prohibitionem, expurgationem, impressionem, in universa Republica Christiana specialiter deputatorum ubique publicandum.

Sacrâ Indicis Congregationis Decreto damnati & prohibiti ac respectivè suspensi fuerunt infrascripti omnes libri ubicumque & quocumque idiomate impressi imprimendive; nemo cujuscumque gradus vel conditionis eos imposterum, vel imprimat, vel legat, vel retineat. Si quis interim habuerit, Inquisitoribus seu locorum ordinarijs à præsentis Decreti notitiâ tradat sub pœnis in indice librorum prohibitorum contentis.

LIBRI SVNT.

Astronomia microcosmicæ systema novum cum annexo opusculo cujus titulus est, in eversionem Scholasticæ Medicinæ exercitationum Paradoxicarum Decas, autore Sebastiano Bartolo Parthenopæo.

Familiare Castigo Apologetico sub discorso Genealogico &c. dedicato alla verita, de latino volgari.

Epistola quædam Gallicè conscripta, quarum titulus est, l'heresie imaginaire.

P. Hyppoliti Marracij opera sequentia.

Allocutiones pacifica pro immaculata conceptione.

Excusatio pro libello prænotato, fides Cajetana ac pro opere inscripto, Cajetanus triumphatus ac triumphator in controversia Conceptionis Beatissimæ Virginis Mariæ.

Medicamenta circa Bullam Alexandrinam in fauorem Deiparæ Virginis ab originali peccato præseruata editam.

A

sonne ne prend part : mais que l'adresse de la Congregation de *l'Indice* avoit esté telle, que sous pretexte de condamner un écrit sans nom & sans aveu, elle condamnoit indirectement la doctrine des Theologiens & des Evesques de France, & attaquoit la Declaration de S. M.

M. l'Archevesque de Thoulouse qui n'est pas moins instruit que M. l'Evesque de Mende des subtilitez de la Cour de Rome où il a demeuré quatorze ou quinze ans dans le temps du Pontificat d'Vrbain VIII. ayant eu part pendant ce sejour à tous les secrets de ce Pape par la liaison qu'il avoit avec le Duc d'Atri son oncle parent & confident de sa Sainteté : & de plus ayant encore à present une correspondance particuliere en cette Cour par le moyen du sieur de Bourlemont son frere qui est Auditeur de Rote, confirma ce qu'avoit dit M. l'Evesque de Mende, & ajouta qu'on luy avoit mandé de Rome que le Pape avoit fait examiner fort soigneusement tous les ecrits contenus dans ce Decret, & principalement les Mandemens des quatre Evesques, afin de les pouvoir faire condamner par la Congregation du saint Office qui a inspection sur les ecrits qui contiennent quelque chose contre la Foy, & que ceux à qui sa Sainteté avoit donné cette commission apres les avoir examinez pendant deux ou trois mois, n'ayant peu convenir des qualifications d'une censure, & n'y ayant rien trouvé qui pust estre noté d'heresie avoient pris l'expedient de les censurer *in globo* (il se servit de ce terme) & de les mettre dans *l'Indice* dont la Congregation est establie pour condamner les ouvrages qui sont contre les bonnes mœurs plutost que ceux qui sont contre la Foy.

Cét Archevesque dit de plus, que le Pape en condamnant les écrits contenus dans ce Decret & particulierement ce cinquiéme memoire, avoit eu intention d'establir le droit qu'il pretend avoir de juger seul les causes des Evesques; que lorsque sa Majesté luy avoit fait faire instance par son Ambassadeur sur l'affaire des quatre Evesques il avoit répondu qu'il vouloit juger luy-mesme, & envoyer ensuite une Commission à quelques Prelats de France pour estre les purs executeurs de son jugement, *meri executores*; qu'en mesme temps il avoit envoyé une instruction à son Nonce par laquelle il luy ordonnoit de presenter un écrit au Roy qu'il appelle *una scrittura Theologica*, par lequel sa Sainteté pretend de convaincre par de bonnes raisons qu'il appartient au saint Siege seul de connoistre & de juger mesme en premiere instance, des causes majeures, & specialement de celles qui regardent les personnes des Evesques, appuyant ce droit non seulement sur les anciennes regles de l'Eglise, mais particulierement sur le concordat & sur la disposition du Concile de Trente, & M. l'Archevesque de Toulouse fit entendre que c'estoit un tour de la politique Romaine d'avoir condamné les quatre Mandemens de ces Evesques pour commencer à se saisir de la cause & d'avoir envelopé dans la mesme condamnation ce cinquiéme memoire contenant les deliberations & autres actes de l'Assemblée de 1650. sur la forme de juger les Evesques, les articles de Sorbonne, & la Declaration du Roy, afin de mettre le saint Siege en possession de son pretendu droit par cette condamnation de la doctrine de France contraire aux maximes de Rome en mesme temps que le Pape en éclaircissoit S. M.

Ce discours fit connoistre à tous ces Prelats l'importance de l'affaire, & la necessité dans laquelle il sembloit que la providence divine les avoit mis en les faisant trouver ensemble, de prendre une bonne & sainte resolution de se deffendre contre les entreprises qu'on faisoit sur leurs plus essentielles libertez.

Ils commencerent donc à agiter l'affaire & à chercher les voyes de faire reparer l'entreprise & l'attentat de cette Congregation de *l'Indice*. Mais comme ils ne vouloient rien faire qu'avec prudence & circonspection, la premiere reflexion qu'ils firent fut sur la condamnation des quatre Mandemens de laquelle ils crurent qu'ils ne devoient point encore parler.

Ils voyoient bien à la verité que sans entrer en discussion du fond de la doctrine ils pouvoient legitimement se plaindre de la forme de cette condamnation, laquelle estoit tres-injurieuse à leur dignité & au respect qui est deu à leur caractere : Que cette Congregation n'avoit & ne pouvoit avoir autorité sur les Evesques, & principalement sur ceux de France : Que quand mesme elle en pourroit avoir il estoit contre toute sorte de droit de condamner les quatre Evesques sans les entendre : Qu'il falloit pour proceder juridiquement & canoniquement contr'eux ou contre leurs Mandemens qu'il y eust une partie ou un dénonciateur ; & que pour répondre en premiere instance à l'accusation qu'on auroit faite, ils fussent citez devant leurs Conciles provinciaux, n'y ayant rien de plus raisonnable selon le sentiment de S. Cyprien que de commencer à agiter la cause où la faute veritable ou pretenduë a esté commise. Que quand mesme le Pape les auroit pû citer d'abord devant son tribunal, ce qui est tout à fait contre les formes & les libertez de l'Eglise de France, l'attentat de cette Congregation de *l'Indice* estoit d'autant plus insoutenable que le nom de sa Sainteté n'y paroissoit point. Ils voyoient clairement toutes ces choses. Mais comme ils avoient appris que le Roy avoit fait faire quelques instances à sa Sainteté sur ces quatre Mandemens, leur profond respect pour toutes les choses où le nom de S. M. paroist les empescha de parler sur cét article, se reservans à faire connoistre au Roy lors que l'occasion s'en offriroit leurs veritables droits sur lesquels ils estoient asseurez de recevoir toute sorte de justice; S. M. ayant témoigné dans toutes sortes de rencontres qu'elle vouloit proteger puissamment l'Eglise de son Royaume, & soûtenir ses libertez.

Ces sages Prelats consideroient de plus que la pluspart d'entr'eux estant de la Province de Narbonne ou de celle de Toulouse, ils estoient les juges naturels de Messieurs les Evesques d'Alet & de Pamiez, & que les autres pouvoient le devenir estans appellez comme voisins pour faire le nombre prescrit par les Canons, ou dans la revision de la cause qui se pourroit faire dans des Conciles plus nombreux que les Provinciaux.

Mais si leur respect pour le Roy, & leur prudence & sagesse pastorale leur donnerent de la retenuë sur ces Mandemens, leur zele pour les interests de l'Eglise, & mesme pour ceux du Roy ne leur permit pas de se taire touchant l'entreprise de cette Congregation sur l'autorité des deliberations de l'Assemblée de 1650. & de la Declaration de S. M.

Monsieur l'Archevesque de Toulouse voyant qu'ils s'animoient voulut les empescher de former aucune resolution, & dit qu'ils déplairoient au Pape s'ils attaquoient ce Decret : que pour luy comme il avoit un frere Auditeur de Rote il ne pretendoit pas estre cause qu'il fust mal-traité à Rome, & qu'en son particulier ayant obligation au Pape qui luy avoit donné gratuitement ses Bulles, il vouloit luy témoigner de la reconnoissance en ne faisant rien qui pust fascher sa Sainteté.

Mais ces raisons ou domestiques ou personelles de M. l'Archevesque de Toulouse ne toucherent pas assez Messieurs ses Confreres pour les empescher de temoigner leur juste ressentiment contre l'entreprise de cette Congregation, & M. l'Evesque de Viviers prenant la parole dit, qu'il se sentoit d'autant plus obligé de soutenir ce qu'avoit fait l'Assemblée de 1650. que les deliberations dont il s'agissoit avoient esté prises à sa requisition, & qu'une Assemblée aussi eclairée qu'avoit esté celle-la n'avoit rien fait qu'avec une entiere connoissance de cause, & aprés avoir bien examiné l'importance de l'affaire.

Messieurs les Evesques de Carcassonne, d'Usez, de Comenge, & de Castres, soutinrent aussi fortement les deliberations de cette Assemblée de 1650. ausquelles ils avoient eu part en qualité de deputez de leurs provinces.

M. l'Archevesque de Toulouse les interrompit, disant, que cette Assemblée de 1650. avoit derogé à ses propres deliberations, & qu'apres avoir fait signifier sa protestation à Monsieur Bagni Nonce de sa Sainteté contre les jugemens des Evesques rendus par des Commissaires du Pape, elle en avoit reconnu sept qui avoient retably feu M. l'Evesque de Leon, & qu'elle avoit chargé Monsieur le Cardinal de Rets lors Coadjuteur de Paris de consommer cette affaire : qu'au surplus ce qu'on vouloit faire n'alloit qu'à garantir les quatre Evesques, & à rendre leur faute impunie.

Tous ces Prelats répondirent unanimement à M. l'Archevesque de Toulouse qu'ils ne vouloient point toucher à la cause des quatre Evesques ny à leurs Mandemens pour les raisons qui ont esté déja alleguées cy-dessus, & qu'ils ne pretendoient autre chose sinon de mettre à couvert la doctrine de l'Assemblée de 1650. les Articles de Sorbonne, & la Declaration du Roy, & de soutenir les veritables droits & libertez de l'Eglise de France.

On luy representa de plus qu'il avoit confondu les dattes sur l'affaire de feu M. l'Evesque de Leon, & qu'il avoit attribué à l'Assemblée de 1650. ce qu'avoit fait celle de 1645. Que l'Assemblée de 1645. ayant esté priée par M. l'Evesque de Leon deposé par sentence de quatre Commissaires du Pape de le secourir pour son restablissement, elle estoit entrée en consideration de tous les deffauts & de toutes les nullitez & abus de cette Commission : qu'elle avoit bien reconnu que le droit des Evesques estoit d'estre jugez en premiere instance par les Conciles provinciaux, & qu'elle avoit ressenty la playe que l'Eglise avoit soufferte en cette occasion, comme il se peut voir par le sçavant & eloquent rapport qu'en fit M. l'Archevesque de Sens qui estoit alors Coadjuteur; Mais que comme elle avoit aussi consideré que le saint Siege avoit esté d'abord saisi de la cause quoyque contre les regles & les libertez de l'Eglise de France, & qu'il estoit tres difficile par cette raison de faire revoir la mesme cause par d'autres juges que par des Commissaires Apostoliques, l'Assemblée pour abreger toutes les chicanes & tous les incidents qu'on auroit pu former pour empescher le retablissement de ce Prelat qu'elle vouloit aider à sortir promptement d'affaire, s'attacha particulierement à la cause de la Commission des quatre Evesques qui l'avoient deposé, laquelle portoit qu'ils le pouvoient juger sans appel, *omni appellatione remota* : qu'à cet effet elle avoit eu recours au Roy pour avoir quelque raison de ce traitement si rigoureux : ce qui avoit obligé S. M. d'ordonner à son Ambassadeur de remontrer au Pape la justice des plaintes du Clergé : que

cela

cela sa Sainteté auoit nommé sept Commissaires pour reuoir le Procés, & que l'Assemblée finissant deuant que cette affaire fust acheuée, elle pria Monsieur le Cardinal de Rets d'en prendre soin; ce qu'il fit ensuite si heureusement que ces sept Commissaires casserent la sentence des quatre premiers, & declarerent Monsieur de Sourdeac ancien Evesque de Leon innocent, le rétablirent dans son Siege, & en depossederent Monsieur Cupif, qui fut depuis pourueu de l'Evesché de Dol: Que tout cela s'estoit fait dans l'interualle de l'Assemblée de 1645. à celle de 1650. Que la derniere entra de nouueau dans les mesmes considerations que la precedente à l'occasion des plaintes de feu Monsieur Delbene ancien Evesque d'Alby aussy deposé par quatre Commissaires: mais qu'elle auoit creu deuoir prendre d'autres mesures pour mettre à l'auenir le Clergé de France à couuert de telles Commissions contraires au droit canonique & à la liberté de l'Eglise: Que Monsieur l'ancien Evesque d'Alby fit demander à l'Assemblée par Messieurs les Evesques d'Agen & d'Orleans ses neueux, si elle trouueroit bon qu'il se pourueust par appellation comme d'abus, au lieu de demander la reuision de son procés dont il apprehendoit la longueur & les consequences: Que l'Assemblée apres auoir examiné si elle approuueroit cette voie auoit jugé que les appellations comme d'abus bien entenduës, pouuoient estre utiles à l'Eglise, & qu'elles n'auoient esté introduites que pour donner aux Ecclesiastiques, & particulierement aux Evesques, quelque moyen d'euiter l'oppression de la Cour de Rome, qui pretendant que rien n'est au dessus d'elle & qu'elle peut juger souuerainement de tout sans estre obligée de se soûmettre à aucunes regles, pourroit traiter comme il luy plairoit tout le Clergé si on n'auoit trouué le moyen de se mettre à couuert de cette pretenduë souueraineté absoluë par le recours au Prince, lequel comme le protecteur des Canons donne son secours & preste son autorité à l'Eglise lorsqu'on la veut opprimer contre le droit canonique: Qu'apres que la Pragmatique Sanction eut esté faite au Concile de Bourges, le Roy Charles septiéme fut supplié de trouuer bon que les Prelats eussent recours à S. M. en cas que le Pape jugeast les causes de l'Eglise de France contre ce droit canonique tiré du Concile de Basle, & conforme aux anciens Canons, dans l'obseruation desquels l'Eglise Gallicane s'est tousjours maintenuë, ce qui est proprement le fondement de ses libertez: Que l'Assemblée apres auoir examiné toutes les circonstances de cette affaire laissa Monsieur Delbene dans la liberté d'interjetter son appel comme d'abus, parce que cét appel comme d'abus n'alloit qu'à s'opposer à l'entreprise de la Cour de Rome, qui est le veritable & legitime usage de ces sortes d'appellations comme il vient d'estre dit, & que cette entreprise regardoit seulement la forme de juger les Evesques contre la disposition des Canons, en quoy consistoit le seul interest du Clergé de France qui vouloit d'ailleurs euiter d'entrer dans le fond de la cause de Monsieur l'ancien Evesque d'Alby, parce qu'elle estoit tres-differente de celle de Monsieur l'Evesque de Leon, & bien moins fauorable.

Les Prelats de cette Assemblée craignoient aussy tres-justement que s'ils demandoient de nouueaux Commissaires comme l'Assemblée de 1645. auoit esté en quelque façon contrainte de le faire, cela n'establist enfin la pretention de Rome, parce qu'encore qu'on puft dire qu'en demandant de nouueaux juges, ce n'estoit pas precisément reconnoistre que la forme du premier jugement eust esté legitime, & qu'il y ait bien de la difference entre la reuision ou retractation d'une cause, & le jugement en premiere instance: neanmoins il semble que comme en appellant purement & simplement d'une Sentence, c'est reconnoistre la competence des premiers Iuges, aussy en demandant au Pape de nouueaux Commissaires pour reuoir une cause déja jugée par d'autres Commissaires, c'est en quelque façon acquiescer à la forme du premier jugement. De sorte que l'Assemblée prit le party de reclamer contre ces sortes de commissions; d'en escrire au Pape & aux Evesques, & mesme de faire un acte de protestation contre celles qui pourroient estre données à l'auenir, declarant que le Clergé se vouloit maintenir dans le droit que les Canons donnent aux Evesques de n'estre jugez en premiere instance que dans leurs Conciles Prouinciaux, comme il se voit par les actes de cette Assemblée qu'on a creu qu'il estoit à propos de rapporter icy, pour faire voir à ceux qui liront cette relation la justice de la cause des Evesques qui se plaignent de l'entreprise & de l'attentat de cette Congregation de *l'Index*.

B

EXTRAIT DV PROCES VERBAL DE L'ASSEMBLE'E generale du Clergé de France, tenuë à Paris au Convent des Auguſtins en l'année 1650.

Du Vendredy 14. Octobre à huit heures du matin Monſeigneur l'Archeveſque de Rheims preſidant.

MONSEIGNEVR de Viviers a repreſenté, que l'on s'eſtoit ſervy par le paſſé d'une procedure contre les Eveſques à laquelle le Pape avoit conſenti, qui regardoit leur ſeureté, puiſqu'il s'agiſſoit de leur depoſition. Que la facilité que le Pape avoit euë d'eſtablir par un Bref quatre Eveſques juges ſouverains pour depoſer un Eveſque, meritoit bien qu'on penſaſt auſſy à trouver des moyens pour s'en deffendre une autrefois. Que neanmoins on n'avoit point encore pourveu à prendre aucune reſolution ſur une affaire de ſi haute importance, & qu'il croyoit à propos en deliberant ſur l'affaire de Monſeigneur de Graſſe, de deliberer auſſy ſur les precautions qu'on pouvoit prendre pour faire que le Pape ne donnaſt plus, comme il avoit fait des Brefs dans les cauſes majeures, & pour en empeſcher l'execution au cas qu'il en fiſt expedier à l'avenir.

Monſeigneur de Rheims a dit, que pour ce qui avoit eſté rapporté par Monſeigneur de Viviers, des Brefs que le Pape avoit cy-devant donnez ſur le fait des depoſitions des Eveſques, c'eſtoit à la verité une pratique entierement contraire aux droits de l'Egliſe, & que le Bref qu'il avoit envoyé portant pouvoir à quatre Eveſques de juger ſouverainement les Eveſques eſtoit contraire au concordat, dans lequel le Pape ſe reſerve la connoiſſance des cauſes majeures en dernier reſſort. Que le Roy conſentant que les Eveſques ſoient jugez par des Commiſſaires du Pape, avoit prejudicié au droit qu'ont leſdits Eveſques d'eſtre jugez par leurs Comprovinciaux. Qu'à la verité cette affaire meritoit que la compagnie y priſt quelque bonne deliberation.

Apres quoy l'affaire propoſée par Monſeigneur de Viviers touchant le Bref que le Pape a delivré en l'an 1632. par lequel il nomme quatre Eveſques pour juger ſouverainement les Eveſques ayant eſté de nouveau agitée dans la compagnie, elle a jugé à propos d'y prendre une reſolution. Et l'affaire miſe en deliberation dans les provinces, il a eſté reſolu d'un commun conſentement, qu'il en ſera écrit au Pape, & que la lettre ſera donnée à Monſeigneur de Nonce en main propre par laquelle ſa Sainteté ſera ſuppliée dans les accuſations qui ſeront intentées contre les Eveſques ou il s'agira des cauſes majeures, de les renvoyer dans leurs Provinces; & ou il n'y auroit pas douze Eveſques pour les juger, ainſy qu'il eſt porté par les Canons, de prendre le nombre qu'il en faudra des provinces les plus voiſines conformement auſdits Canons, ſauf les appellations à ſa Sainteté. Qu'il ſera auſſy envoyé une lettre circulaire dans les provinces, par laquelle les Eveſques ſeront priez de n'accepter plus des Brefs du Pape pareils à celuy de l'année 1632. Et en cas qu'il leur en ſoit addreſſé, les Archeveſques & Eveſques de la province de celuy contre lequel pareil Bref aura eſté expedié ſont priez de s'aſſembler & de demander qu'il leur ſoit renvoyé pour le juger, & ſe ſaiſiront de la cauſe nonobſtant leſdits Brefs, dequoy ils feront, s'il leur plaiſt Decret dans les premiers Conciles provinciaux qu'ils tiendront. Et afin que ce qui a eſté fait par le paſſé ne puiſſe ſervir d'exemple pour l'avenir; l'Aſſemblée a ordonné qu'il ſeroit fait un acte de proteſtation à Monſeigneur le Nonce, le plus reſpectueux que faire ſe pourra en luy donnant la lettre qu'on a reſolu d'eſcrire au Pape, par lequel il luy ſera declaré au nom de l'Aſſemblée qu'elle proteſte de nullité contre les Brefs qui ſeront expediez pour des cauſes majeures, dans la forme de celuy de l'année 1632. & de tout ce qui ſera fait enſuite, à ce que ledit Bref de 1632. ne puiſſe eſtre tiré à conſequence. Monſeigneur d'Auxerre a eſté prié d'eſcrire leſdites lettres, & Monſeigneur d'Agen avec le ſieur Abbé de Chanvalon, de voir Monſeigneur le Nonce auparavant que ledit acte de proteſtation luy ſoit ſignifié.

Du Lundy 24. Octobre, à huit heures du matin Monseigneur l'Archevesque de Rheims presidant.

Monseigneur d'Auxerre a dit, que la Compagnie l'avoit chargé cy-devant de faire deux lettres sur le sujet du Bref du Pape donné en l'année 1632. par lequel il establit quatre Evesques pour juger souverainement des Evesques, dont l'une estoit au Pape, & l'autre à Messeigneurs les Prelats. Qu'il avoit encore eu ordre d'en faire une troisiéme à sa Sainteté sur le Bref qu'il luy avoit plû envoyer à l'Assemblée ; & que s'il plaisoit à la Compagnie il en feroit la lecture, s'estant mis au Bureau lesdites lettres ont esté leuës & approuvées de la Compagnie, qui a ordonné qu'elles seroient envoyées & inserées dans le procez verbal & dans les memoires du Clergé.

Sanctissimo Patri D. D. Innocentio Pontifici maximo.
Post humillima pedum oscula.

BEATISSIME PATER

A cunctis retro sæculis Regni hujusce Galliarum Christianissimi Episcopos Primariæ Sedi Apostolicæ, tum amicitia ut Fratres, tum reverentia atque obedientia ut filii, tum vero ut semper orthodoxos fidei communione conjunctos fuisse, & vestra non ignorat Beatitudo, & nos fatemur universi. Scimus namque, præeunte cœlesti regulâ, nec non Canone Ecclesiastico, scholam apud vos Apostolicam, cui totam doctrinam Apostoli cum sanguine suo profuderunt. Scimus ubi caput Ecclesiæ illic totius Fidei arcem, totius & disciplinæ Metropolim, eoque convenitur à nobis libentius, quò in Præsulum Primatis sinu, Præsules, si quando illis dolet, maximè à vulneribus Ecclesiæ, justissimas querelas suas deponere par est. Percussi ingemiscimus ; nec sat rite postulati, paritum justitia, tum modestia audemus ex postulare, quia debemus. Coronæ Episcopali Principem decet suis Coepiscopis aures pandere, viscera aperire ; & si minus, ut vestra est benignitati, non jam impertiri beneficia, saltem quod passim conceditur justitiam non denegare. Vestri nimirum prædecessoris temporibus, anno æræ Christianæ 1632. exijt breve; quo quatuor non amplius inter nos Episcopis de causa nonnullorum ex nostris liquidè cognoscendi, & planè dijudicandi fas & jus tribuebatur. Ad eam totius Ecclesiæ plagam, nemo non stupuit attonitus, altis vero ingemuere suspirijs quotquot illius legitimi aut patres aut filij. Quippe inauditum haud minus quàm invisum, adeò iniquis artibus Romanæ Sedis integritatem circumveniri, Cleri privilegia violari, temerari nostra omnium jura, Ecclesiæ verò universa imminui Majestatem. Quotus enim quisve est qui ignoret sacris Conciliorum Decretis, Canonicis etiam Pontificum sanctionibus, jure tam communi quàm speciali cautum esse ejusmodi litibus ac negotijs ? Publica lex est, tritum & obvium ubique oraculum, nullum ex Episcopis accusari debere nedum posse damnari, nisi ante legitimum numerum Episcoporum, qui mistico apostolu duodenario claudatur, ut omnis accusatio intra Provinciam audiatur, & à comprovincialibus terminetur. Immò & ejusmodi judices, ipsi qui accusatur Episcopo, eligendi jus competit, & quidem è vicinioribus, si in Provincia legitimus deest numerus utique supplendos. Quæ quidem non ita à nobis præscribuntur, Beatissime Pater, quasi animus sit aut ab omni nos culpa immunes jactantius profiteri, aut debitas delinquentibus pœnas obstinanter detrectare. Homines cum simus, scimus & sentimus in hoc peccati corpore humanum à nobis alienum nihil : & reperta à Deo vel in Angelis cœlestibus pravitate, quotidianas, nos Terreni, maculas, plus nimis experimur. Ipsius Præsulum Principis Dominica tum prece, tum pollicitatione suffulti, lapsus triplex, stantes admonet caveant à lapsu ; & lapsos ut mox adjutrice Christi gratiâ resurgant. Novimus quoque, Patrum partim documentis, partim exemplis, Episcoporum causas ad suæ Provinciæ Antistites canonicè deferendas ; à quibus lata sententia vim non habeat, nisi vestra majori autoritate confirmetur ; Ultro siquidem vestra suprema sedis amplectimur Tribunal, quoties nimirum de majoribus crimen intentatur. Sed enim ea omnia ut ritè, ut legitimè peragantur, ad sacrorum quos diximus Canonum normam, & amussim exigenda esse, jam olim ab Ecclesia id est à nobis, immo & à vobis præcipuè ipsis præscriptum est. Nostri igitur supplicis hujusce libelli summa est ut dignetur vestra sanctitas, & vulneri per breve illud ante vestris membris, quia corpori Cleri nostri Gallicani inflicto, opportunum efficaxque apostolicis adhibere remedium, & autoritate Pontificis, ne quid ejusmodi mali deinceps eveniat, sancitius præcavere. Interea nos in communi Ecclesiæ causa, nostras egisse partes æqui bonique consulet vestra sanctitas: cui Dominica vineæ curam à Christo demandatam cum Calcedonensi Concilio Catholicâ & Romanâ, quin & Gallicâ fide acclamamus. Is omnium nostrâ sensus est, is animus singulorum, Romanæ scilicet matrici Ecclesiæ & originali, per doctrinæ consanguinitatem jungi, per disciplinæ tesseram & fœdus sociari, vobiscum seminare, vestris quoque cum messibus nostros in Episcopi magni animarum horreis manipulos colligere æternùm peroptamus.

Datum Parisijs
8. Kal. Novembris M. DC. L.

OBSEQVENTISSIMI ET DEVOTISSIMI filij ac servi vestri Archiepiscopi, Episcopi & alij Ecclesiastici viri in Comitijs generalibus Cleri Gallicani Parisijs congregati. L. Destampes Arch. Dux Rhemensis, Præses.

De mandato illustrissimorum & Reverendissimorum Archiepiscorum, Episcoporum totiusque Cœtus Ecclesiastici in Comitijs generalibus Cleri Gallicani Parisijs Congregati.
M. TVBEVF, à Secretis.

Lettre circulaire envoyée à Messeigneurs les Prelats.

MONSIEVR,

LES veritables affaires du Clergé, sont celles proprement qui regardent la gloire de Dieu, & qui touchent le salut des ames. Mais il est certain que ny l'un ny l'autre ne peut subsister qu'à mesure que nous employons tous nos efforts pour conserver l'honneur de l'Eglise, & maintenir la dignité de nos charges, c'est principalement à ces deux grands ouvrages que nous tâchons de travailler en cette Assemblée: Et parce qu'outre les defauts qui naissent de nostre corps, par la foiblesse ou par la contagion de ses membres nous avons encore à prevenir ou guerir les accidens qui viennent du dehors. La Compagnie animée par le divin Esprit qui luy a promis son assistance jusques à la consommation des Siecles, se fortifie de plus en plus pour empescher tout ce qui luy peut estre desavantageux, & procurer tout ce qui luy doit estre favorable. L'une des plus grandes playes que nous ayons sentie est sans doute ce Bref de l'an 1632. par lequel contre tous les anciens decrets de l'Eglise, contre les regles expresses du Droit Canon, contre les Ordonnances des Souverains Pontifes, contre les privileges de l'Eglise, & contre les usages de la France, l'autorité estoit attribuée seulement à quatre de Messieurs nos Confreres, pour connoistre, decider, & juger de la cause de ceux qui estoient lors accusez. Nous ne doutons pas que l'integrité du saint Siege n'ait esté prevenuë & circonvenuë en cette occasion: mais aussy nous croyons estre de nostre devoir, de chercher un remede efficace pour le passé & de prevenir de semblables maux à l'avenir. C'est pourquoy apres une meure & serieuse deliberation, l'Assemblée a resolu d'écrire à sa sainteté la lettre dont la copie est icy jointe. Nous l'avons faite avec tous les sentimens d'honneur, & avec tous les termes de respect que nous avons pû & dû, pour temoigner nos liaisons & nos soumissions à celuy que nous reconnoissons estre le Chef & Souverain Pasteur du Bercail de Iesus-Christ. Nous sommes deja tous persuadez que vostre zele sera egalement satisfait de nostre resolution, & de nostre conduite; & nous esperons de la justice du saint Siege, & de la bonté de nostre saint Pere, qu'il loüera luy-mesme & approuvera nostre conduite, puis qu'elle est si conforme au zele, & à l'ardeur que sa Sainteté fait continuellement paroistre pour le bien de l'Eglise universelle. Nostre lettre d'humble remonstrance à sa Sainteté, doit estre presentée à Monsieur le Nonce, par Messieurs l'Evesque d'Agen & de Chanvalon Abbé de Jumieges, avec un acte de protestation le plus respectueux que faire se pourra; declarant que l'Assemblée avec tout respect & soumission, proteste de nullité contre les Brefs qui seront expediez pour des causes matieres contre les Evesques, dans la forme de celuy de l'an 1632. & de tout ce qui sera fait ensuite, de crainte que ledit Bref ne puisse estre tiré à consequence. Mais d'autant que d'ordinaire nous nous blessons nous mesmes de nos propres mains, & qu'on n'auroit nulle puissance de nous nuire, si nous estions sous unis pour nostre legitime conservation; nous avons encore deliberé & resolu, vous envoyant cette lettre d'instruction de vous prier comme nous faisons, de jamais ne recevoir de Brefs pareils à

celuy

celuy de l'an 1632. Et en cas que l'industrie de quelques-uns ou la mauvaise foy des Officiers, comme il peut arriver en toutes les grandes Cours, vous en envoye quelqu'un de cette sorte; nous vous prions & conjurons voftre zele, parce que vous eftes dans ce premier Corps de l'Eglife & de l'Eftat, non feulement de ne le pas accepter: mais d'avertir au plûtoft Meffieurs les Archevefques & Evefques de la Province de l'Evefque accufé, afin qu'ils fe faififfent de la caufe, & qu'ils la jugent felon les Conciles & la pratique de la fainte Eglife, refervant toûjours les appellations au faint Siege, comme les faints Canons l'ordonnent. Surquoy nous les prions tous de faire un decret dans le premier Concile qui fera tenu en chaque Province. Voila Monfieur, les chofes dont nous avons crû à prefent devoir vous donner avis, afin que ce qui appartient à tous ne foit ignoré de perfonne, & que comme Dieu, à qui nous devons rendre compte d'une charge fi importante comme eft la noftre, vous a doüé particulierement de beaucoup de pieté, de zele & de generofité pour le bien de l'Eglife & pour le falut des fideles; nous cooperions tous enfemble, n'ayans qu'un cœur & qu'une ame, comme nous ne faifons qu'un corps, pour faire reüffir de fi faints, de fi illuftres, & de fi neceffaires deffeins. Comme eftant Monfieur

A Paris le 24.
Octobre 1650.

Vos tres humbles & tres affectionnez ferviteurs & Confreres les Archevefques, Evefques & autres Ecclefiaftiques deputez en l'Affemblée generale du Clergé.
L. DESTAMPES, *Archevesque Duc de Rheims, prefident.*

Par Meffeigneurs de l'Affemblée. M. TVBEVF *Secretaire.*

SANCTISSIMO PATRI D. D. INNOCENTIO
Pontifici Maximo
Post humillima pedum oscula.

BEATISSIME PATER
Paternam fupremæ fedis erga nos follicitudinem cùm verbo tùm fcripto Cœtui noftro per Illuftriffimum Nuntium Apoftolicum, prolixiori benevolentia fignificatam; fi non quâ debemus faltem quâ poffumus animi gratitudine excepimus finguli, profequimur univerfi, inclinatos iam ad debita fervitutis officia caufæ pepulerunt, nec pauca nec parvæ, Romani fcilicet ab Apoftolorum Principe per continuatas temporum feries, folij fublimitas & amplitudo: Chriftianiffimi in hocce Regno Cleri, erga D. Petri fucceffores quàm præcipua, tàm perennis reverentia, fingularis demum veftram adverfus fanctitatem, tum cultus & obfequium: tùm fi minimè dedignetur veftra fanctitas, affectus & benevolentia, fratribus cura primogeniti non poteft non effe gratiffima: Filijs paterna dilectio femper utiliffima fuit. Et experimur quidem Chrifti per veftras manus benedictionem, dum præfens numen nobis iftic in illius nomine & omine congregatis quotidie fentimus. Nempe ut veftrum pro noftra virili parte gaudium impleamus; nihil nobis antiquius eft, quàm idem fapere, eandem charitatem habere unanimes idipfum & inter nos, & vobifcum præfertim fentire. Porro ejufmodi fapientiæ, charitatis, fenfufque unanimis, fcopus reverà unus Dei gloria, Ecclefiæ decus, Religionis incrementa, cultus fedis Apoftolicæ fincerus, Catholica in hoc Chriftianiffimo Regno tùm fidei, tum pietatis amplificatio. Hæc funt B. P. noftri hujufce Cœtus confilia, in queis, ut V. S. per Breve quô nos dignata eft, gloriamur habere exhortatorem: ita & approbatorem nancifci fperamus, nofque interim & noftra quacumque filiali obfequio vovemus ac planè devovemus.

Datum Parifijs
fext Kal. No-
vembris
M. DC. L.

OBSEQVENTISSIMI ET DEVOTISSIMI filij ac fervi veftri Archiepifcopi, Epifcopi atq; alij Ecclefiaftici viri in generalibus Cleri Gallicani Comitijs congregati. L. Deftampes *Arch. Dux Rhemenfis, Præfes.*

De mandato illuftriffimorum & Reverendiffimorum Archiepifcoporum, Epifcoporum, totiufque Cœtûs Ecclefiaftici in Comitijs generalibus Cleri Gallicani Parifijs Congregati.
M. TVBEVF, *à Secretis.*

Du Vendredy 18. Novembre, à huit heures du matin Monseigneur l'Archevesque de Rheims presidant.

Monseigneur d'Agen a rapporté, que suivant l'ordre de la compagnie luy & Monsieur l'Abbé de Chanvalon avoient veu Monseigneur le Noncé, sur l'acte de protestation qui a esté resolu de luy faire signifier & l'envoy de la lettre à sa Sainteté, & a dit que mondit Seigneur le Nonce les avoit parfaitement bien accueillis. Qu'ils luy avoient dit que l'Assemblée ayant desiré de pourvoir à la seureté des Evesques, & empescher qu'à l'avenir on ne pust pas proceder à l'encontre d'eux en vertu des Brefs que l'on pouroit obtenir de sa Sainteté, comme on avoit fait en consequence de ceux qui avoient esté envoyez l'an 1632. avoit resolu deux choses ; l'une d'en écrire au Pape, & de supplier sa Sainteté de ne plus delivrer de semblables Brefs contr'eux ; l'autre de faire un acte par lequel il soit declaré à sa Sainteté au nom de l'Assemblée qu'elle proteste de nullité contre les Brefs qu'elle expediera pour des causes majeures, dans la forme de celuy de l'année 1632. & de tout ce qui sera fait ensuite. Qu'ils venoient luy presenter la lettre qu'ils avoient écrite sur ce sujet. Qu'ils luy en donnoient une copie afin qu'il fut informé de ce qu'elle contenoit, & qu'ils le prioient de la faire tenir au Pape. Que l'Assemblée les avoit chargez aussi de le prier de trouver bon qu'on luy signifiast l'acte de protestation qu'elle avoit resolu de faire ; ayant voulu l'en avertir, pour y proceder avec le plus de deference qu'il luy sera possible. Que Monseigneur le Nonce avoit approuvé le dessein qu'avoit la compagnie de pourvoir à la seureté des personnes de Messeigneurs les Evesques. Qu'il leur avoit promis de faire tenir à sa Sainteté la lettre qu'ils luy avoient écrite pour cet effet : mais qu'il leur avoit dit, qu'il ne pouvoit recevoir aucun acte de protestation contre ce qui avoit esté fait, & que la lettre estoit suffisante pour pourvoir à tout ce que l'Assemblée pouvoit desirer. Qu'ils luy avoient reparty, que cet acte pouvoit seruir à sa Sainteté pour s'excuser sur les instances qui luy seroient faites de delivrer de semblables Brefs. Qu'ils esperoient que quand elle sçauroit le motif de l'Assemblée, & la maniere avec laquelle ils y procedent qui est pleine de respect, elle ne le trouveroit point mauvais, & qu'ils le prioient de se vouloir employer prés de sa Sainteté pour le luy faire agreer. Que Monseigneur le Nonce leur avoit repliqué, que cet acte de protestation leur feroit plus de prejudice qu'ils n'en tireroient d'avantage ; & que s'ils vouloient, il leur dôneroit acte par lequel il reconnoistroit que la lettre luy a esté mise entre les mains & certifieroit l'avoir envoyée à sa Sainteté ; & qu'il leur promettoit de leur en faire avoir réponse au plûtost. Qu'ils luy avoient dit qu'ils ne se pouvoient contenter de cela & qu'ils l'avoient prié de trouver bon qu'ils s'aquittassent de la charge qu'ils avoient ; & que ceux de Rome, qui sçavent les formes de proceder de la France ne trouveroient point à redire un acte de cette qualité. Que les appels comme d'abus qui s'interiettent des Brefs du Pape estoient bien plus considerables ; & cependant qu'on les souffroit. Que Monseigneur le Nonce les avoit prié de ne point envoyer de Notaires pour la signification de l'acte qu'ils pretendoient faire & qu'il seroit obligé de les chasser. Qu'ils luy avoient dit, qu'ils rapporteroient à la compagnie tout ce qu'il leur avoit dit, & qu'elle y feroit la consideration qu'elle jugeroit à propos. La compagnie, apres avoir discuté la difficulté que faisoit Monseigneur le Nonce de recevoir cet acte de protestation ; elle a jugé à propos, pour bonnes considerations, de ne s'y pas arrester ; & a ordonné au sieur Promoteur de faire signifier ledit acte de protestation à son Hostel.

Du Samedy 26. Novembre, à huit heures du matin Monseigneur l'Archevesque de Rheims presidant.

LE sieur Promoteur a representé l'acte de protestation, que la côpagnie luy avoit donné charge de faire signifier à Monseigneur le Nonce, avec la signification qui luy en a esté faite, que l'on a ordonné estre inseré dans le procés verbal & mis dans les archives.

Acte de protestation signifié à Monseigneur le Nonce avec la signification au pied d'iceluy.

EPISCOPORVM judicia, congregatis in synodo Provinciæ Patribus, salvo jure appellationum ad Romanam sedem, antiqua Canonum auctoritas reservavit, Eccesia præcipue Gallicana his legibus gubernata est, Reos habuit Saphoracos, Prætextatos, Ebbones, aliosque Superioris *ordinis sacerdotes, accusantibus etiam plerumque Regibus Christianissimis. Illos prout aequum visum est in synodis audivit, absolvit, condemnavit, omnino judicavit. Factum tamen, Proh dolor! ut anno Christi trigesimo secundo & sexcentesimo supra millesimum, aliqui Regni hujus Episcopi delati sint ob crimen impositum laesae Majestatis. Rege postulante vocati sunt per literas Apostolicas ex dissitis Galliarum partibus Reverendissimi Archiepiscopi Arelatensis & Turonensis Coadjutor, nec non sancti Flori & Macloviensis Episcopi, quibus causae cognitio commissa est. His inflictum vulnus Episcopali ordini, perturbata provinciarum jura, violatae leges Ecclesiastica disciplina, sensit Clerus Gallicanus & doluit, sentitque adeo ac dolet etiamnum maxime, ut reum se fore arbitretur capitalis silentii, ni obloquatur & provideat in futurum. Confugit ad Petri sedem, in qua qui praeest Innocentius beatissimus Papa, ore Gelasii decessoris sui jamdudum profiteri visus est, nullum veraciter Christianum ignorare uniuscujusque synodi constitutum, quod universalis Ecclesia probavit assensu nullam magis exequi sedem oportere quam primam. Itaque cum eâ omni reverentiâ & obedientiâ quam ipsi Ecclesiaeque Romanae, quae omnium Ecclesiarum caput est & magistra, debere se agnoscit, aeternumque redditurum pollicetur Clerus idem Gallicanus, Illustrissimum ac Reverendissimum sanctae hujus & Apostolicae Sedis Nuntium enixe rogatum velit, aequi bonique consulat, quod coram ipso protestatur sicuti de facto protestatur per praesentes, ne dictis literis quibus quatuor illi Antistites ad causam Episcoporum finiendam judices nominati sunt, vel aliis illarum virtute actis & inde secutis quibuscumque, ullum sibi prejudicium fieri possit, neve trahantur eadem in exemplum, quo sibi quisquam putet contra salutarium reverentiam Regularum temere quid licere. Quin potius integro semper & minime interpolato Ecclesiae usu permanente graviores Episcoporum causae, quae merito inter majores positae sunt nonnisi ab Episcopis Provinciarum pro more congregatis, vocatis etiam sic ubi opus fuerit ad numerum Canonicum adimplendum vicinioribus, juxta Sardicensis oecumenicae synodi, atque aliorum, seu Conciliorum, seu Pontificum Canones & decreta, tractentur, examinentur, judicentur: salva semper ad Romanam sedem appellandi facultate, Ita Clerus Gallicanus, ne sibi non consulat, neve ignorantia causam quis praetexat. Datum in Comitiis generalibus Cleri Gallicani Lutetiae habitis, anno Domini millesimo sexcentesimo quinquagesimo, die vero decima sexta mensis Novembris.* **L. DESTAMPES** Arch. Dux Rhemensis, Praeses.

De mandato Illustrissimorum & Reverendissimorum Archiepiscoporum, Episcoporum totiusque Coetus Cleri Gallicani in Comitiis generalibus Cleri Gallicani Parisiis congregati.
M. TUBEUF, à Secretis.

IN *nomine Domini, Amen. Tenore hujus praesentis publici instrumenti, cunctis pateat evidenter & sit notum, quòd anno ejusdem Domini millesimo sexcentesimo quinquagesimo die vero vigesimâ tertiâ mensis Novembris, in mei Iacobi de Bloys publici auctoritate Apostolica; venerabilisque Curiae Archiepiscopalis Parisiensis Notarii jurati, Parisiis in utroque foro immatriculati, ibidemque & in vico novo Beatae Mariae Virginis commorantis, subscripti, ac testium infrascriptorum praesentia, clarissimus Dominus ac Magister Franciscus de Beauregard Presbyter, Abbas beatae Mariae d'Aulne, Regis Christ. in Senatu Tolosano Consiliarius, & in Comitiis generalibus Cleri Gallicani nunc Lutetiae congregati Promotor, tanquam Procurator specialiter commissus in hac parte Illustrissimorum ac Reverendissimorum Dominorum Archiepiscoporum, Episcoporum & aliorum Deputatorum ejusdem Cleri Gallicani, nomineque ipsius in vim literarum procurationis, seu deliberationis & conclusionis ejusdem Cleri Gallicani, de data diei decimae octavae praesentium mensis & anni; ad Palatium Illustrissimi & Reverendissimi Domini D. Nicolai ex Comitibus Guidis à Balneo, Dei & Sanctae Sedis Apostolicae gratiâ Archiepiscopi Athenarum, & sanctissimi Domini nostri Innocentii divina Providentia Papae decimi apud Regem Christianissimum totumque Regnum Galliae Nuntii Apostolici se contulit, eidemque Illustrissimo & Reverendissimo alloquendo personam Ostiarii hospitii sui Magistri Stephani &c. appellati, actum protestationis suprascriptae intimavit, significavit, atque ipsius acti copiam ei reliquit ac de praesenti intimatione. Acta fuerunt haec Parisiis & in dicto Palatio praefati Illustrissimi & Reverendissimi Domini Nuntii Apostolici, praesentibus ibidem Mathurino Rouvelin & Iacobo Nicolas Curiae Archiepiscopalis Parisiensis Apparitoribus, in dicto vico Beatae Mariae Virginis Parisiis respective commorantibus testibus, in praesentum Minuta originali cum praefato Domino Promotore, & me Notario antedicto & subsignato debitè signatis.*
DE BLOYS Notarius Apostolicus Parisiensis.

On ajouta que depuis la signification de cette protestation à Monsieur Bagni Nonce de sa Sainteté, non seulement l'Assemblée de 1650. mais encore nulle autre n'y a derogé.

Monsieur l'Evesque de Viviers dit, que ce qui venoit d'estre raporté estoit veritable, & les autres qui avoient esté des Assemblées de 1645. & de 1650. le confirmerent aussi, de sorte que comme Monsieur l'Archevesque de Toulouse n'eut rien à repliquer contre une verité connuë & des faits de notorieté publique, il ne put empescher que chacun n'opinast à son tour.

Monsieur l'Evesque de Viviers comme le plus ancien reprit le premier la parole, & s'étendit fort au long sur ce qui avoit esté fait en l'Assemblée de 1650. il expliqua nettement les raisons qu'il avoit euës de faire la requisition qu'il y avoit faite pour rétablir les anciens droits de l'Eglise de France qui avoient esté si violemment attaquez dans ces derniers temps par des commissions données contre les libertez de l'Eglise Gallicane, & fut d'avis d'écrire au Roy, & de supplier sa Majesté de proteger le Clergé de son Royaume contre les continuelles entreprises de la Cour de Rome, & en particulier contre celle de cette Congregation de *l'Indice*, qui n'ayant aucune autorité en France voudroit soûmettre à sa jurisdiction les personnes & la doctrine des Evesques François.

Monsieur l'Evesque de Carcassonne parla avec beaucoup de chaleur & d'eloquence pour le soûtien de l'autorité Episcopale, reprit ce qui avoit esté resolu en l'Assemblée de 1650. à laquelle il avoit assisté en qualité d'Evesque de Mirepoix, en deduisit les raisons, & fut d'avis comme Monsieur l'Evesque de Viviers d'écrire au Roy, & de plus d'écrire une lettre circulaire à tous les Prelats du Royaume pour leur donner part de l'affaire presente, & pour les inviter d'entrer dans le mesme esprit que les Evesques de Languedoc pour la deffense de l'Episcopat.

Monsieur l'Evesque de Montauban reparla de l'affaire de feu Monsieur l'Evesque de Leon, confirma ce qui en avoit esté dit, & ensuite montra le droit qu'ont les Evesques d'estre jugez par leurs Conciles provinciaux, raporta quantité de faits tirez de l'histoire Ecclesiastique, entre autres celuy de Pretextat Evesque de Roüen, pour le jugement duquel Chilperic sollicita luy-mesme les Evesques qu'il avoit invitez de s'assembler pour cette affaire, & leur demanda justice à la porte de leur assemblée, quoy que Pretextat fust accusé du crime de leze-Majesté, ajoutant que dans les premiers siecles on ne sçavoit ce que c'estoit que d'abandonner les personnes Ecclesiastiques aux jugemens des Laïques quelque criminelles qu'elles pussent estre; & dit que mesme dans les derniers temps Odet de Colligny Cardinal de Châtillon, Evesque de Beauvais ne fut condamné par le Parlement qu'à une amende de deux cens mille livres pour le crime de leze-Majesté, tant les Iuges respectoient la qualité d'Evesque & le privilege de ceux qui estoient constituez en dignité ecclesiastique; & que pour le crime d'heresie & de schisme il fut renvoyé selon la disposition des Canons pardevant son Metropolitain pour estre jugé par luy & ses comprovinciaux. Et apres avoir parlé avec grande force des droits & des libertez de l'Eglise, conclut comme les preopinans à écrire au Roy, & dit que c'estoit la conduite la plus respectueuse qu'on pust tenir envers S. M. & la plus efficace pour faire reparer l'injure que cette Congregation avoit faite au Clergé de France.

Monsieur l'Archevesque de Toulouse interrompit le cours des opinions, & dit que si l'antiquité fournissoit des exemples pour confirmer la doctrine de l'Assemblée de 1650. elle en fournissoit aussi de contraires, ne raportant neanmoins que celuy d'Hincmar de Laon qu'il dit avoir esté jugé par des Commissaires du Pape. Surquoy Monsieur l'Evesque de Rieux voyant que cét Archevesque faisoit un grand effort sur cette histoire d'Hincmar de Laon, le pria de se souvenir que le fait n'estoit pas tel qu'ill'alleguoit, & dit qu'ill'expliqueroit dans son avis. Sur cela Monsieur l'Archevesque de Toulouse se teut.

Monsieur l'Evesque d'Usez s'étendit fort au long sur le zele que les Evesques doivent avoir pour soûtenir les droits de leur caractere, & sur l'obligation qu'avoient ceux qui estoient assemblez de parler des interests de l'Eglise : Que ceux de Languedoc estant legitimement & par ordre du Roy, pouvoient moins dissimuler que les autres l'entreprise de cette Congregation, & comme il avoit raporté dés le commencement de la conference que dans le temps qu'il estoit Agent du Clergé le feu Roy luy ayant defendu d'assembler les Prelats qui estoient à la Cour pour les affaires qui survenoient, il avoit si bien fait connoistre à S. M. le prejudice que cette defense faisoit à l'Eglise, que S. M. l'avoit levée & avoit laissé le Clergé dans son ancienne liberté. Il conclut que le Roy d'apresent n'ayant pas moins de pieté & de justice que le feu Roy son Pere, n'auroit pas aussi desagreable que les Evesques de Languedoc se trouvant ensemble pour son service se prevalussent de cette conjoncture pour traiter de la plus importante de leurs affaires à l'occasion d'un attentat aussi insoûtenable qu'est celuy de cette Congregation, & fut d'avis de la Lettre au Roy, & mesme approuva l'avis de Monsieur l'Evesque de Carcassonne touchant la Lettre circulaire, & dit que c'estoit une pratique du Clergé de France dans toutes les affaires importantes.

Monsieur l'Evesque de Comenge opina brevement & dit qu'il seroit difficile d'établir la pretention de la Cour de Rome sur les anciens Canons, sur lesquels au contraire les deliberations de l'Assemblée l'Assemblée de 1650. estoient fondées, & que pour le Concordat & le Concile de Trente l'on n'en sçauroit rien conclure contre les libertez de l'Eglise de France : Qu'il se trouve dans le premier tome des preuves des libertez de l'Eglise Gallicane une instruction de Charles neufiéme à Monsieur Doisel son Ambassadeur à Rome, par laquelle ce grand Roy ordonnoit à son Ministre de representer au Pape le droit qu'ont les Evesques d'estre jugez par leurs comprovinciaux conformément à la disposition des anciens Canons : Que cette instruction estoit posterieure au Concordat & mesme au Concile de Trente, & en effet elle est dattée du commencement de l'année 1564. & le Concile avoit esté achevé à la fin de 1563. Surquoy l'on pourroit peut-estre dire que la Constitution du Concile n'estoit pas encore assez connuë pour y deferer. Mais tout le monde sçait qu'il ne s'estoit rien fait à Trente dont la Cour de France n'eust esté incontinent avertie, & qu'il n'y avoit nulle raison de croire qu'apres la closture du Concile le Roy eust ignoré un Decret de cette importance. Mais l'Arrest donné en la cause du Cardinal de Chastillon dont Monsieur l'Evesque de Montauban avoit parlé resout entierement la difficulté, puisqu'il est datté du 17. de Mars 1569. c'est à dire prés de six ans apres la closture du Concile, & qu'ainsy le Concile de Trente n'a rien changé en France des anciennes regles de l'Eglise qui ont toûjours subsisté selon les sentimens des Parlemens, des Rois, & des Evesques de ce Royaume ; & ce Prelat dit aussy que ny le Concordat, ny le Concile de Trente bien entendus n'estoient point contraires à ces regles, comme il seroit fort aisé de le faire voir. Il conclut comme les autres à écrire une lettre tres-respectueuse au Roy pour se plaindre fortement de l'entreprise de cette Congregation, & dit qu'il entreroit volontiers dans le sentiment de Monsieur l'Evesque de Carcassonne pour la Lettre circulaire, afin de faire part à tous les Evesques du Royaume d'une resolution aussy juste que celle que l'on prenoit dans cette Assemblée ; qu'il s'en remettoit neanmoins à la prudence de Messieurs ses Confreres.

Monsieur l'Evesque de Mende dit qu'il falloit bien prendre garde à la conduite que l'on tiendroit en cette affaire ; qu'il estoit dangereux que si l'on écrivoit une Lettre circulaire le Roy ne prist cela pour une espece de soulevement contre le Pape ; qu'il estoit necessaire d'agir tres-prudemment en cette occasion : qu'on avoit à se ménager avec le Pape & avec le Roy ; qu'il estoit quelquefois avantageux aux Evesques de reconnoistre le Pape pour leur seul juge, & que le recours au Roy estoit aussy quelquefois necessaire. Et apres avoir long-temps agité l'affaire prit enfin le party d'écrire à S. M. ajoutant qu'il falloit bien mesurer tous les termes de la lettre pour n'y rien mettre qui eust raport à l'affaire des Mandemens des quatre Evesques ; mais qu'il falloit seulement parler de l'Assemblée de 1650.

Monsieur l'Evesque de Castres raporta fort au long & avec netteté & vigueur ce qu'avoit fait l'Assemblée de 1650. dont il avoit esté Secretaire, & comme il en avoit composé le procés verbal (qui est merveilleusement bien écrit) il témoigna aussy beaucoup de zele pour sa defense, dit que la Cour n'avoit pas trouvé mauvais ce que l'Assemblée de 1650. avoit déliberé, & s'estendant sur l'entreprise de la Congregation de l'Indice conclut à écrire au Roy, & ajoûta qu'on pourroit bien écrire une Lettre circulaire selon la coûtume du Clergé de France ; mais qu'il croyoit que la lettre à S. M. suffiroit.

Monsieur l'Evesque de Mirepoix commença son avis avec un zele ardent, & dit qu'il falloit servir le Roy dans les Estats, mais qu'il falloit mourir pour soûtenir les interests de l'Eglise qui sont ceux mesmes de Iesus-Christ. Que ce seroit une lascheté indigne du caractere Episcopal de souffrir les entreprises de ces Congregations de Rome, & conclut à écrire au Roy une lettre tres-forte & tres-respectueuse.

Monsieur l'Evesque de Lodeve dit que la pratique de l'Eglise avoit toûjours esté tres-constante de juger les Evesques & toutes les affaires importantes de l'Eglise dans les Conciles : Que cela paroissoit dans la condamnation des Evesques tombez dans les plus considerables heresies, comme Nestorius & les autres : Que sur l'affaire mesme des trois Chapitres le second Concile de Constantinople avoit cité le Pape Vigile pour y assister, tant pour y rendre compte de ses sentimens que pour y déliberer avec les autres Evesques : Que l'Eglise n'avoit point de regle plus certaine pour traiter les causes ecclesiastiques que celle des Conciles ; & apres avoir raporté quantité d'exemples tirez tres-apropos de l'histoire Ecclesiastique, il conclut que l'Assemblée de 1650. avoit eu raison de se maintenir dans le droit que les Evesques ont d'estre jugez selon la disposition des Canons dans leurs Conciles ; & que comme cette affaire estoit de la derniere importance il la falloit soûtenir fortement, & fut d'avis d'écrire au Roy selon le sentiment des autres qui avoient opiné devant luy.

Monsieur l'Evesque de Rieux toucha avec beaucoup d'habileté tous les fondemens des libertez de l'Eglise Gallicane, laissa entrevoir ce qu'il entendoit par causes majeures, parla en peu de mots

D

du Concordat & du Concile de Trente sur le jugement des Evesques, & venant au fait present dit, que l'on estoit heureux de pouvoir parler en cette occasion avec une entiere liberté des droits de l'Episcopat & les soûtenir : Que lorsque quelques Evesques avoient esté prevenus du crime de leze-Majesté, leurs confreres avoient pû dissimuler les defauts de la procedure, & ne se pas élever contre la forme qu'on avoit tenuë dans leurs jugemens, de peur qu'il ne parust qu'ils estoient favorables à des crimes qu'ils avoient si fort en horreur : Mais que puisque maintenant il ne s'agissoit que d'un point de doctrine & de discipline, il n'y avoit nul Evesque qui ne s'eust entrer ouvertement dans le zele des interests de l'Eglise : Qu'il ne pretendoit point toucher presentement à l'affaire des quatre Evesques, parce qu'il y en avoit un qui estoit son Comprovincial, & duquel il estoit juge naturel, mais qu'il vouloit seulement se conserver le droit de connoistre de sa cause conformément à la doctrine de l'Assemblée de 1650. qui est celle de toute l'Eglise, ce qu'il montra par les anciens Canons & par un grand nombre de faits & d'exemples tirez de l'histoire Ecclesiastique.

Et sur ce que Monsieur de Toulouse avoit avancé qu'Hincmar de Laon avoit esté jugé par des Commissaires du Pape, il dit, qu'au contraire il avoit esté jugé dans un Concile de sa Province, auquel avoit presidé Hincmar Archevesque de Rheims son oncle & son Metropolitain, & parla fort nettement de ce qui s'estoit passé dans les Conciles de Vermery, Attigny & Doüzy sur la procedure de cét Evesque ; & enfin conclut comme Messieurs ses Confreres à écrire au Roy, ajoûtant qu'en une autre occasion & dans une plus grande assemblée il ne se feroit pas éloigné de l'avis de censurer le Decret de cette Congregation de *l'Indice*, qui s'attribuoit avec une hardiesse étrange l'autorité de pouvoir donner des loix à toute la Chretienté, *in tota Republica Christiana*, & qu'il auroit esté aussi de l'avis de la Lettre circulaire proposée par Monsieur l'Evesque de Carcassonne pour en faire part à tous ses Confreres ; mais que le Roy ayant donné de si grandes preuves du desir qu'il avoit de proteger l'Eglise de son Royaume & d'en soûtenir les libertez, principalement par sa Declaration sur les six articles de la Faculté de Paris qui se trouve envelopée dans la mesme condamnation de ce pretendu Decret, il croyoit qu'il falloit seulement s'adresser à S. M. en la suppliant tres-humblement de faire reparer une entreprise qui blessoit egallement son autorité & les droits des Evesques.

Monsieur l'Evesque de S. Pons dit, qu'il estoit bien difficile d'entrer dans la connoissance de cette affaire, si l'on ne se ressouvenoit des differentes epoques des jugemens des Evesques, & qu'il supplioit Messieurs ses Confreres de luy pardonner s'il estoit un peu plus long qu'il ne voudroit dans son avis. Mais que l'importance de l'affaire meritoit bien qu'elle fust éclaircie, & que pour cela il estoit necessaire de prendre la chose de loin & la conduire jusques à nostre temps.

Que devant le Concile de Nicée toutes les causes Ecclesiastiques se terminoient dans les Provinces où les questions estoient nées, & que les Evesques en jugeoient en dernier ressort, comme il se peut justifier par beaucoup de faits qui ne sont contredits de personne.

Que S. Cyprien écrivant à Corneille Evesque de Rome se plaint que quelques-uns ayant esté condamnez dans leurs provinces, selon le droit & la discipline de son siecle, avoient osé passer la mer pour surprendre le saint Siege, qui ne pouvant avoir aucune connoissance de ce qui s'estoit fait en Afrique, ne pouvoit aussi juger les causes qui luy en avoient esté portées, & que par cette raison le mesme S. Cyprien ayant esté consulté par quelques Evesques d'Espagne sur la conduite qu'ils devoient garder en la cause de Basilides & Martial Evesques, lesquels apres avoir esté justement deposez dans leurs provinces avoient trompé le Pape S. Estienne qui les avoit rétablis, il leur conseilla de s'en tenir au premier jugement qui avoit esté rendu conti'eux, & de regarder ces schismatiques comme entierement déchus de l'honneur de l'Episcopat.

Que le Concile de Nicée avoit donné des regles pour pourvoir à de pareilles entreprises, & qu'il croyoit que le cinquiéme Canon de ce Synode avoit esté fait pour y remedier, comme en effet l'usage qui suivit immediatement apres le justifie, & comme les Peres du Concile d'Afrique l'expliquerent environ cent ans apres.

Que le Concile d'Antioche qui fut celebré quinze ans apres celuy de Nicée par 90. Prelats, ordonna que chaque Evesque seroit jugé dans sa province, & qu'encas que les juges ne fussent pas d'accord, le Metropolitain convoqueroit ceux de la province voisine afin que tous ensemble rendissent un jugement equitable.

Que cette regle auroit esté asseurément observée sans contradiction dans toutes les Eglises, sans l'injustice que le Concile d'Antioche fit à S. Athanase qu'il deposa, & sans l'horrible confusion que la fureur des Arriens causoit dans l'Eglise, parce que comme chacun cherchoit à satisfaire sa passion & à se venger sous pretexte de religion, les bons Evesques estoient continuellement exposez à estre privez de leurs Sieges, & qu'il n'y avoit rien de plus frequent que ces injustes condamnations, de sorte que l'iniquité de ces depositions donna occasion au Concile de Sardique, dont les Peres crurent qu'il falloit s'opposer à ce torrent, & mettre leurs Confreres & eux-mesmes à couvert de cette persecution en rendant les condamnations des Evesques plus difficiles, & que pour cela ils commencerent à se souftraire de la puissance des Empereurs, qui s'estoient attribué l'autorité de revoir les procés des Evesques, & donnerent ce droit de revision à l'Evesque de Rome, en raportant les affaires jugées au saint Siege, à condition neanmoins non seulement que ce ne seroit qu'apres que les causes auroient esté jugées en premiere instance par les Evesques de la province, mais encore qu'ayant esté raportées devant le Pape elles seroient renvoyées pour estre de nouveau jugées sur les lieux.

Qu'encore que ce temperament fust en apparence avantageux à l'Eglise, & que l'intention de ceux qui avoient formé ce Decret fust telle en effet, il ne laissa pas neanmoins d'exciter un schisme entre les Eglises d'Orient & celle d'Occident, comme nous le voyons dans cette fameuse réponse du Pape Iules aux Orientaux, dans laquelle ce Pontife raporte plusieurs choses qu'ils luy avoient écrites sur ce suiet, & que pour montrer combien ce Decret qui avoit changé la discipline troubla l'Eglise, non seulement les Orientaux s'en plaignirent alors, mais que long-temps aprés les Occidentaux s'en plaignirent aussy, comme il se justifie clairement par cette celebre contestation qui commença au temps du Pape Zozime, & fut continuée sous Boniface & Celestin.

Que le premier Concile de Constantinople ordonna que les Canons du Concile de Nicée seroient observez pour la iurisdiction des Evesques, sans faire aucune mention de ceux de Sardique.

Que l'Empereur Valentinien troisiéme contribua beaucoup par ses Ordonnances à affermir dans l'Occident le droit des appellations au Pape.

Que les François qui commencerent à se soûmettre à cette loy sous la premiere race de nos Roys ne le firent qu'à condition que l'Evesque de Rome n'entreprendroit rien au delà du pouvoir que le Concile de Sardique luy donnoit, ce qui fut observé jusqu'au neufiéme siecle, comme il se peut voir dans la Lettre synodique qui fut écrite au Pape Adrien deuxiéme par les Peres du Concile de Douzy tenu sous le regne de Charles le Chauve.

Qu'au huitiéme siecle sous la seconde race de nos Roys l'on fabriqua ces pretenduës Epitres decretales, que l'on attribua aux premiers Papes, bien qu'elles soient manifestement fausses selon le jugement de toutes les personnes eclairées & sçavantes, & que sous l'autorité de ces Lettres supposées, lesquelles contre la disposition des Canons donnoient au Pape un pouvoir absolu dans toute l'Eglise, on pretendit détruire l'ancienne discipline, ce qui avoit causé une infinité de differens entre les Papes & les Evesques, mais qui n'avoit pourtant pas empesché la resistance des Evesques de France, qui avoit parú dans le temps mesme auquel on voulut donner le plus de vogue à ces fausses Decretales, comme il se peut justifier par les depositions d'Ebbon de Rheims, de Rhotade, de Soissons & d'Hincmar de Laon, Nicolas premier & Adrien second ayant esté obligez, nonobstant tous les efforts qu'ils firent pour l'établissement de ce pouvoir souverain & absolu qu'ils se vouloient donner, de reconnoistre que les Evesques avoient droit de iuger des causes de leurs Confreres.

Qu'il estoit vrai que sur la fin de la seconde race, & au commencement de la troisiéme sous laquelle nous vivons les Papes avoient étrangement étendu leur puissance à la faveur de ces fausses Decretales qu'ils continuoient toufiours à faire valoir autant qu'ils pouvoient, quoy qu'elles n'ayent iamais esté receuës autentiquement en ce Royaume : Et qu'ainsy il pouvoit bien estre arrivé en quelques occasions qu'ils avoient entrepris sur ce droit des Evesques, & que les Evesques l'avoient dissimulé sur tout lorsqu'il s'agissoit du crime de leze-Majesté à cause du grand respect qu'ils avoient pour les Roys, craignant que s'ils reclamoient ils ne fissent croire qu'ils n'estoient pas assés attachez aux interests de leurs Princes, & qu'ils donnoient occasion de fomenter les brouïlleries de l'Estat.

Qu'au surplus il estoit aisé de répondre à ce que Monsieur l'Archevesque de Toulouse avoit allegué du Concordat & du Concile de Trente, puisque tout le monde sçait que le Concordat fut fait dans un temps & dans des circonstances où l'on n'avoit garde de dépouïller encore les Evesques de leurs plus essentielles libertez, ce qui est si vray que le titre duquel on pretend tirer avantage contr'eux porte seulement que toutes les causes seront terminées & finies sur les lieux devant les juges qui en doivent connoistre de droit, ou par une coûtume qui aura prescrit, ou par privilege, excepté les causes maieures qui sont exprimées dans le droit : Qu'il y a tres-long-temps que l'on conteste, ce que l'on doit entendre par les termes des causes maieures & de droit commun, & qu'il ne croyoit pas que selon le sentiment des anciens François on pust appliquer ny l'un ny l'autre aux depositions des Evesques : Qu'il n'y avoit nulle apparence d'établir la ruïne d'un des principaux fondemens des libertez de l'Eglise de France sur l'equivoque d'un terme dont la signification estoit tant debatuë & depuis si long-temps. Que personne n'ignoroit les oppositions faites au Concordat par les Parlemens, par les Vniversitez, & par tout le Clergé de France : Que ces oppositions doivent au moins conserver les droits contre lesquels l'usage contraire n'a pas prevalu, comme il est constant qu'il n'a pas prevalu contre celuy duquel il s'agit maintenant; & qu'enfin suivant le droit, les Evesques ne sont iamais censez estre compris dans les Decrets ou il s'agit de peines, s'ils n'y sont expressément nommez, ce qui ne se trouve point dans le titre des causes du Concordat dont Monsieur l'Archevesque de Toulouse a pretendu tirer son objection contre le droit des Evesques dans lequel il n'est nullement parlé d'eux.

Que ce qui avoit esté allegué du Concile de Trente, qui est le seul Concile qui semble avoir attribué ce droit au S. Siege privativement aux Evesques, estoit encores moins considerable aux François que ce qui avoit esté allegué du Concordat, puisqu'il est de notorieté publique que les Evesques de France, & principalement le Cardinal de Lorraine qui estoit à leur teste, demanderent dans ce Concile que les Prelats François fussent maintenus dans le droit de n'estre point jugez hors du Royaume; & que comme on n'eut point d'égard à leurs requisitions, ce grand Cardinal fit au nom de toute l'Eglise Gallicane une opposition à la Constitution que le Concile vouloit faire si contraire au droit commun dans lequel les Prelats de France se maintenoient, & que cette opposition a servi de fondement au refus que ce Royaume a tousiours fait de se soûmettre à cette nouvelle forme de discipline, & de recevoir cette Constitution du Concile de Trente & plusieurs autres qui ruinoient les libertez de l'Eglise Gallicane. Et en effet le Pape Pie quatriéme, qui fut celuy sous le Pontificat duquel le Concile de Trente fut achevé, ayant voulu faire le procés à cinq Evesques François, ainsy qu'il a esté déja remarqué, le Roy Charles neufiéme s'en plaignit par son Ambassadeur comme d'un violement des Canons, & le Pape convint que les procedures & la sentence qu'il avoit donnée seroient supprimées, & qu'il ne se parleroit plus de ce jugement.

Que si quelques Evesques de Languedoc & Monsieur de Sourdeac Evesque de Leon en Bretagne avoient esté jugez en premiere instance par des Commissaires du Pape sous le regne de Louis XIII. sans que le Clergé eust reclamé dans le temps de leurs jugemens, il falloit attribuer cela ainsy qu'il avoit esté remarqué au grand respect que les Evesques portoient au Roy, parce qu'il s'agissoit de crime d'estat & de leze-Majesté. Mais qu'aussi-tost que le Clergé avoit esté assemblé avec quelque liberté de parler de ces sortes d'affaires apres la mort du Cardinal de Richelieu, l'assemblée avoit reparé le tort que le silence precedent des Evesques pouvoit avoir fait à leurs droits. Car celle qui fut tenuë és années 1645. & 1646. non seulement fut cause que feu Monsieur l'Evesque de Leon fut restabli dans son Siege, mais elle reclama mesme & protesta en corps & unanimement contre ce qui estoit contraire aux libertez de l'Eglise de France dans les Brefs du Pape en vertu desquelles ce Prelat devoit estre restabli, comme on le peut voir dans le procés verbal de cette Assemblée en la seance du 27. Iuillet 1646. qui fut la veille de sa separation, & en l'Assemblée de 1650. Cette protestation solemnelle & en forme dont il a esté parlé qui fut signifiée à Monsieur le Nonce confirme si fort cét ancien droit des Evesques, qu'il n'y a pas seulement lieu de douter qu'aucun Prelat François puisse souffrir l'entreprise de cette Congregation & la doctrine qu'elle voudroit établir, & bien moins y conformer sa conduite sans une prévarication manifeste.

Et qu'enfin la providence divine avoit voulu que le Roy eust si favorablement receu en 1663. les articles de la Faculté de Paris qui furent portez à S. M. à la teste de ce celebre corps par M. l'Archevesque de Paris, qu'on ne pouvoit pas douter des justes intentions de ce grand Prince, que toute l'Eglise regarde comme le plus ferme appuy de la religion, & comme le protecteur de ses Canons, & le Clergé de France comme le legitime & le tres-puissant defenseur de ses libertez.

Qu'entre ces articles de la Faculté de Paris le quatriéme porte *que le Pape ne peut deposer les Evesques contre la disposition des Canons receus dans ce Royaume*. Or ces Canons receus dans ce Royaume sont ceux dans l'usage desquels les Evesques de France se sont maintenus dans tous les temps, selon l'ordre chronologique de la discipline qui a esté exposé. Et ce Prelat qui parloit avoit une connoissance particuliere de l'esprit des sentimens de la Faculté qui avoit presenté les articles au Roy, puisque non seulement il avoit assisté en qualité de Docteur de Sorbonne aux Assemblées qui s'estoient tenuës sur ce sujet, mais qu'il avoit esté mesme l'un des Commissaires députez pour dresser ces articles, & ainsy il pouvoit hardiment asseurer qu'elle avoit eu intention en cette occasion de donner une preuve autentique de l'attachement qu'elle avoit à soûtenir les libertez de l'Eglise de France.

De sorte qu'il ajouta qu'il croyoit que puisque le droit des Evesques estoit aussy ancien que l'Eglise & la juste resistance du Clergé de France aussy ancienne que les pretentions de la Cour de Rome,

Rome, il n'y avoit rien à craindre en s'adressant au Roy, & en se plaignant de l'entreprise de cette Congregation, & conclut à écrire à S. M. & à demander sa protection pour avoir justice de l'injure que ce pretendu Decret fait à l'autorité Royale & aux droits de l'Eglise de France soûtenus par tous les anciens Canons & confirmez par une possession qui a duré jusques à nostre temps.

Monsieur l'Evesque du Puy forma plusieurs difficultez sur les sentimens de Messieurs ses Confreres. Il dit, que comme Monsieur de Toulouse & Monsieur de Mende l'avoient representé, cette affaire pouvoit avoir des suites fâcheuses ; que les Evesques de Languedoc n'estoient assemblez que pour des affaires temporelles & non pas pour parler des affaires ecclesiastiques & spirituelles : & quoy qu'il parust soûhaiter fort que cette déliberation n'eust aucun effet, il fut neanmoins d'avis d'écrire au Roy.

Monsieur l'Archevesque de Toulouse ayant ouy les dernieres paroles & la conclusion de l'avis de ce Prelat dit avec chaleur, que les Evesques n'estoient point assemblez en Languedoc pour traitter des matieres ecclesiastiques, mais seulement pour les interests temporels qui regardoient le service du Roy & le bien de la Province, & qu'il ne vouloit point entrer dans cette affaire.

Surquoy Monsieur l'Evesque d'Usez s'estant elevé avec zele dit, que si quatorze Evesques assemblez legitimement & avec ordre du Roy n'avoient pas la liberté de parler de ce qui est de plus important à leur ordre, il falloit les dégrader : Qu'ils estoient à la verité dans les Estats pour déliberer des affaires de la Province ; mais qu'il ne falloit pas aussy les regarder comme des Eleus dont la seule fonction estoit de regler des impositions sur les peuples : Qu'il n'y avoit point de Compagnie d'artisans à qui il ne fust permis de parler de leurs interests quand elles estoient assemblées : Que les Evesques pouvoient de droit divin parler de ceux de l'Eglise & y pourvoir en quelque lieu & en quelque occasion qu'ils se trouvassent ensemble, & que c'estoit un point fondamental de la religion.

Monsieur l'Archevesque de Toulouse se leva brusquement, & sur ce que la Compagnie le pria de nommer quelqu'un pour faire la lettre resoluë, il répondit que chacun pouvoit écrire s'il vouloit : Que pour luy il écriroit en son particulier, mais qu'il ne vouloit point signer de lettre commune. Et toute l'Assemblée voyant que cét Archevesque ne vouloit pas que la déliberation s'executast, pria Monsieur l'Evesque de Montauban de faire la lettre ; apres quoy chacun se separa.

Le lendemain vingt & unième de Fevrier Monsieur l'Evesque de Montauban apporta aux Estats un projet de lettre, & la seance estant finie il arresta les Prelats sur leur banc pour le leur faire voir. Monsieur l'Archevesque de Toulouse ne voulut point en entendre la lecture, il se retira & emmena avec luy Messieurs du Puy & de S. Papoul, ce dernier s'excusant sur son indisposition qui l'avoit empesché de se trouver la veille en Cité chez Monsieur l'Evesque de Carcassonne.

Monsieur l'Evesque de Mende reprit encore ce qu'il avoit dit la veille, & mesme ce qui avoit esté avancé par Monsieur l'Archevesque de Toulouse touchant l'affaire de Monsieur l'Evesque de Leon, & apres qu'on l'eut éclairci sur quelques faits qu'il ne pouvoit pas sçavoir parce qu'il n'estoit pas alors en France, la contestation finit, & il se retira.

Monsieur l'Evesque d'Usez dit qu'il estoit tard, & qu'une lettre de cette consequence devant estre leuë avec attention il jugeoit necessaire de se rassembler pour parler de cette affaire encore plus à fond, & pour empescher aussy s'il y avoir moyen qu'on ne se divisast, ce qui fit qu'on resolut de remettre la lecture de cette lettre à une autre-fois.

Le 22. & le 23. on ne se rassembla point, mais le Ieudy 24. Messieurs les Evesques de Viviers, de Carcassonne, de Montauban, d'Usez, de Comenge, de Castres, de Mirepoix, de Lodeve, de Rieux, & de S. Pons, se trouverent chez Monsieur l'Evesque de Viviers.

La premiere chose qu'ils creurent devoir faire fut d'envoyer supplier Monsieur l'Archevesque de Toulouse d'avoir agréable qu'ils s'assemblassent chez luy, & Monsieur l'Evesque de Mende de s'y trouver : Et pour cét effet ils prierent Messieurs les Evesques de Carcassonne & de Castres d'aller chez ces deux Prelats. Et parce qu'ils apprirent que Messieurs les Evesques du Puy & de S. Papoul estoient ensemble, ils prierent Messieurs les Evesques de Rieux & de S. Pons de les aller conjurer aussy de ne se separer point de leurs Confreres.

Messieurs les Evesques de Carcassonne & de Castres furent fort long-temps chez Monsieur l'Archevesque de Toulouse qui ne se voulut pas laisser vaincre ny à leurs raisons, ny à leurs prieres, & répondit les mesmes choses qu'il avoit dit les jours precedens, & pour se mieux excuser dit qu'on luy venoit de signifier un acte de la part du Promoteur de l'Archevesché de Narbonne, par lequel il protestoit de nullité de tout ce qui avoit esté ou seroit déliberé dans toutes les assemblées qui s'estoient faites ou qui se feroient, comme ne pouvant estre legitimes sans le consentement de Monsieur l'Archevesque de Narbonne Metropolitain de la province où ils estoient.

Ces Prelats furent fort surpris de l'insolence de cét acte, & principalement Monsieur l'Eves-

E

que de Carcassonne qui le trouva fort injurieux, non seulement à tous Messieurs ses Confreres, mais à luy particulierement chez qui s'estoit fait la premiere assemblée, & qui estant l'Evesque diocesain & mesme le Doyen de la province autorisoit suffisamment une assemblée qui ne pretendoit point d'entreprendre sur l'autorité du Metropolitain, ny de rien faire qui ne fust dans l'esprit de l'Eglise & conforme à ce qui y a toûjours esté pratiqué. Messieurs les Evesques de Carcassonne & de Castres n'apporterent pas alors copie de cét acte, parce que Monsieur l'Archevesque de Toulouse ne la leur donna pas, mais on la euë depuis de se son Secretaire, & en voicy la teneur.

Acte de protestation signifié à Monsieur l'Archevesque de Toulouse au nom du sieur Reboul pretendu Promoteur de Narbonne.

A La requeste du Sindic & Promoteur de la province de Narbonne soit deuëment signifié à Messire Charles d'Anglure de Bourlemont Monseigneur l'Archevesque de Toulouse : Qu'ayant esté averti que le 20. du present mois jour de Dimanche il se seroit tenu une assemblée de Prelats dans le Palais Episcopal de Monseigneur l'Evesque de Carcassonne, & qu'on en tient une actuellement dans le domicile de Monseigneur l'Evesque de Viviers, pour y deliberer sur un Decret nouvellement venu de Rome de la sainte Congregation de l'Indice, par lequel entre plusieurs autres livres & cahiers volans & anonimes qu'on a censurez on y condamne nommément les quatre Mandemens que Messeigneurs les Evesques d'Alet, d'Angers, de Beauvais & de Pamiers ont fait contre la pernicieuse & heretique doctrine de Iansenius. Mais attendu que lesdites assemblées sont illegitimes & contraires aux Canons & à l'autorité de Monseigneur l'Archevesque & Primat de Narbonne à qui seul appartient le droit de convoquer les Prelats dans cette Province avec la permission du Roy pour traitter des matieres de foy & de la discipline de l'Eglise, & que celles-cy ont esté convoquées à son insceu & de ses Vicaires generaux contre les formes de l'Eglise & les Ordonnances du Royaume ; & que mesme l'esprit d'aucuns des Prelats qui assistent à ces assemblées sont plus portez à favoriser par leurs cabales l'opiniastreté blasmable & la resistance scandaleuse que font cesdits quatre Prelats de se soûmettre selon l'exemple de leurs Confreres aux Constitutions des Papes & déliberations des assemblées autorisées par sa Majesté, plustost que par aucun bon dessein de travailler au bien & à la paix de l'Eglise, qu'ils veulent troubler en interessant sous de faux pretextes sous les Evesques de France soûmis & obeïssans au saint Siege dans la querelle desdits quatre Prelats, lesquels presumans trop de leur sens aiment mieux se singulariser par une faction separée que de conserver & maintenir l'union étroite & l'uniformité qu'ils doivent avoir avec tous leurs Confreres : & que d'ailleurs il seroit d'une tres-dangereuse consequence à l'avenir si telle liberté estoit permise aux Evesques comprovinciaux de s'assembler sans le consentement & la convocation du Metropolitain, ce qui est sans exemple dans l'Eglise à moins que ce soit à la suite du Roy, qui permet aux Agens generaux d'assembler les Prelats qui sont à la Cour & à sa suite pour déliberer des affaires importantes & spirituelles de l'Eglise ; & que dans cette occasion vous n'estes assemblez par ordre du Roy que pour les affaires temporelles de la Province de Languedoc, non pour satisfaire au devoir de vostre charge qui vous oblige de veiller à ce qu'il ne se passe rien contre les saints Canons & contre l'autorité de Monseigneur l'Archevesque dont le droit est violé en cette rencontre. Pour ces raisons nous nous sommes transportez en ce lieu pour nous rendre opposans ausdites assemblées comme illegitimes & convoquées contre les formes, & de protester de nullité de tout ce qui a esté dit & déliberé dans lesdites assemblées. Nous reservans de prendre d'autres conclusions pardevant Monseigneur l'Archevesque ou ses Vicaires generaux pour faire cesser ladite convocation, la faire declarer nulle, & de nul effet tout ce qui aura esté fait & deliberé ; & avons fait signifier nostre dit Acte d'opposition à Monseigneur l'Archevesque de Toulouse afin qu'il n'en pretende cause d'ignorance. Fait à Carcassonne ce 24. Fevrier 1667. Signé Reboul Syndic Provincial de la Province de Narbonne.

Le present Acte d'opposition a esté deuëment signifié par moy Hugues Ichebert Prestre du Diocese de Carcassonne à mondit Seigneur l'Archevesque de Toulouse parlant à luy le 24. Fevrier 1667. Signé Hugues Ichebert.

Personne n'a veu cét Acte qui ne l'ait trouvé non seulement injurieux jusques à l'impudence, mais encore ridicule. Il ose accuser des Evesques de faction, de caballe, de schisme, de favoriser l'heresie, & le fait en termes si mal conceus qu'il n'y a ny suite dans le discours, ny construction, ny liaison. Il dit que ces Evesques ne sont point assemblez aux Estats pour satisfaire aux devoirs de leurs charges, comme si c'estoit un crime de le faire en quelqu'endroit & en quelque estat que l'on soit. Apres avoir parlé des Prelats de Languedoc en troisiéme personne jusques à la moitié de l'Acte il continuë par une apostrophe sans qu'on puisse sçavoir à qui il s'adresse. Enfin il semble que celuy qui a composé cette piece ait pris plaisir à renoncer à toutes les loix de la religion, de la Grammaire, & du bon sens.

Lorsque cét Acte fut divulgué chacun raisonna diversement sur la moderation extraordinaire que M. l'Archevesque de Toulouse avoit fait paroistre en souffrant qu'on luy signifiast parlant à sa personne un Acte si outrageux à l'Eglise sans en faire aucune plainte, & sur l'insolence de ceux qui ayant aidé à le fabriquer eurent la hardiesse de prester leur ministere pour une entreprise de cet éclat, en le faisant signifier à un grand Archevesque president à une compagnie si celebre à la veuë de quatorze Prelats de tous les Estats & de toute la Province : Mais tout l'avantage qu'ils en ont receu a esté de s'estre exposez à la moquerie de tout le monde, & de passer pour auteurs d'une piece non seulement impertinente, scandaleuse & schismatique, mais encore pleine de faussetez & de suppositions, & comme telle digne d'un châtiment exemplaire.

Messieurs les Evesques de Carcassonne & de Castres raporterent encore que Monsieur l'Archevesque de Toulouse leur avoit dit, qu'on l'avoit asseuré que ce mesme Acte de protestation avoit esté signifié à Monsieur l'Evesque de Viviers en la personne d'un de ses Ecclesiastiques : ce Prelat envoya sur le champ demander à tous ses domestiques si on leur avoit signifié quelque chose : tous répondirent que non, & la premiere supposition des artisans de cét Acte parut par cette perquisition. Ils dirent deplus que Monsieur l'Evesque de Mende n'avoit pas voulu entrer dans cette affaire non plus que Monsieur l'Archevesque de Toulouse, & qu'il leur avoit dit qu'il avoit demandé permission au Roy d'aller à Rome pour les affaires de sa famille : Que Monsieur de la Vrilliere avoit eu ordre de luy expedier cette permission : Qu'il ne vouloit pas faire une chose qui seroit desagréable au Pape ; ny que son voyage fust precedé par une lettre de cette nature.

Messieurs les Evesques de Rieux & de S. Pons rapporterent, qu'ils avoient veu Messieurs les Evesques du Puy & de S. Papoul, & que ces deux Prelats s'estoient excusez de se trouver à l'assemblée, le premier sur un mal de poitrine qui l'obligeoit de garder la chambre, mais qui ne l'empescha pourtant pas de se trouver une heure apres chez Monsieur l'Archevesque de Toulouse : Et le second sur ce qu'il n'avoit point assisté au commencement de cette affaire, suppliant Messieurs ses Confreres de trouver bon qu'il s'abstint de se trouver aussy à la suite. Il les asseura neanmoins qu'il entreroit volontiers dans tous leurs sentimens, & qu'il ne feroit jamais de difficulté de signer ce qu'ils signeroient.

Apres le rapport de ces Messieurs on examina serieusement toutes les circonstances de cette affaire ; & tous convinrent unanimement qu'il estoit absolument necessaire d'écrire au Roy ; non seulement pour l'interest de l'Eglise comme il avoit esté resolu la premiere fois que la chose avoit esté mise en déliberation, mais encore pour prevenir les mauvais offices que l'on estoit bien informé qu'on vouloit rendre aux Evesques de Languedoc sur ce sujet, en blasmant leur conduite & faisant accroire qu'ils avoient voulu censurer ce Decret de la Congregation de *l'Indice* seulement pour mettre à couvert par un support affecté & caballé les quatre Mandemens, & favoriser la doctrine & l'erreur dont on a tasché de les rendre suspects, comme les ennemis de la hierarchie, de la discipline ecclesiastique, & de la morale chrestienne ne manquent jamais de former cette accusation contre les gens de bien de quelque sentiment qu'ils soient sur les contestations presentes de l'Eglise. Et en cette rencontre leurs emissaires disoient par tout qu'on écriroit à la Cour que la déliberation prise chez Monsieur l'Evesque de Carcassonne avoit esté concertée avec les quatre Evesques, & que c'estoit une partie faite depuis long-temps, ne prenant pas garde qu'il est de notorieté publique que la plus grande partie des Prelats qui sont entrez dans cette affaire n'ont nul commerce avec aucun des quatre Evesques : Que leur conduite les éloigne fort du soupçon de tout party & de toute cabale : Qu'ils n'estoient entrez dans cette affaire que par l'occasion que Monsieur l'Archevesque de Toulouse leur en avoit donnée en leur produisant ce Decret, & qu'ils ont tousjours declaré qu'ils ne vouloient point toucher aux quatre Mandemens ; mais seulement soutenir la doctrine de l'Eglise de France expliquée par l'Assemblée de 1650. & contenuë dans les articles de la Faculté de Paris & la Declaration du Roy ; & sur ces fondemens maintenir les Evesques dans le droit de juger & d'estre jugez dans leurs Provinces en nombre legitime qui est celuy de douze, à ce appellez ceux des Provinces voisines, lors que ce nombre n'est pas complet, sans avoir la pensée d'empescher que les Mandemens & mesme leurs auteurs ne fussent condamnez s'ils meritoient de l'estre, sçachant bien que l'impunité des coupables est injuste aussy bien que l'oppression des innocens, & qu'en conservant la maniere de juger telle que de droit on éviteroit l'une & l'autre, comme ils estoient asseurez que c'estoit l'intention du Roy pour laquelle ils avoient tout le respect que leur naissance & la religion les obligeoit d'avoir.

Il fut donc resolu d'écrire une lettre au Roy, qui informeroit S. M. non seulement de l'entreprise de cette Congregation de *l'Indice*, mais encore de la conduite de tous ceux qui devoient signer cette lettre. Et parce que le Courrier ordinaire devoit partir le lendemain de bon matin, ils resolurent de ne se point separer que cette lettre ne fut faite, & Messieurs les Evesques de Montauban, d'Usez & de Castres furent priez d'y travailler à l'heure mesme.

Monsieur l'Evesque de Carcassonne qui jusques alors estoit demeuré uni à ses Confreres voyant que la resolution estoit prise, & mesme que ces trois Messieurs se disposoient à faire la lettre, dit que puisque M. l'Archevesque de Toulouse ne la vouloit pas signer, il ne la signeroit point aussy, ne desirant pas se separer de luy. Il proposa de faire supprimer l'Acte du Promoteur & d'ensevelir toute l'affaire dans le silence, témoignant que M. l'Archevesque de Toulouse y consentiroit tres volontiers. Mais on luy répondit qu'on estoit surpris que luy qui avoit opiné plus fortement sur cette affaire que nul autre, s'eloignast maintenant du sentiment de ceux qui demeuroient fermes : Que M. l'Archevesque de Toulouse en se separant ne le devoit pas obliger d'en faire de mesme : Qu'il ne s'agissoit que de maintenir les droits les plus essentiels de l'Episcopat, desquels il avoit paru si jaloux en toutes sortes d'occasions : Que pour l'Acte du pretendu Promoteur de Narbonne on ne s'en mettoit point en peine : Que c'estoit un Acte qui ne pouvoit tourner qu'à la confusion de son auteur : Mais qu'enfin l'affaire estant connuë elle ne pouvoit plus estre dissimulée, & que ne leur estant pas possible d'empescher qu'elle ne vint à la connoissance du Roy il leur estoit de la derniere importance de detromper S. M. des impressions qu'on luy donneroit à leur desavantage. Toutes ces raisons qui parurent tres solides à neuf Evesques ne purent faire resoudre Monsieur l'Evesque de Carcassonne à ne se pas separer d'eux, & luy seul resistant à tous les autres il se retira.

Encore que M. l'Archevesque de Toulouse eust mandé à ses confreres les raisons de sa separation ; neanmoins parce qu'elles leur parurent si foibles qu'ils crurent bien qu'il en avoit d'autres, & que quelque interest plus considerable, que sa modestie ne luy permettoit pas sans doute de découvrir & qui l'obligeoit à menager d'avantage la Cour de Rome, l'empeschoit d'entrer exterieurement dans le mesme zele de l'Episcopat qui faisoit agir ses confreres, quoyque l'on crust bien qu'il avoit les mesmes sentiments dans le cœur, il fut resolu qu'en parlant du refus qu'il avoit fait de signer, on diroit que c'estoit pour des raisons qui luy estoient inconnuës. Et parce que Messieurs les Evesques de Carcassonne, de Mende, du Puy & de S. Papoul qui s'estoient separez, avoient témoigné qu'ils le faisoient par la consideration de M. l'Archevesque de Toulouse, cette complaisance n'estant pas une raison fort canonique, on ne voulut point parler d'eux dans cette lettre, & l'on crut qu'il seroit plus dans les regles de la charité & de l'honnesteté d'en user de cette sorte.

Les neuf Evesques qui demeurerent unis ayant fait encore reflexion sur l'autorité que leur caractere leur donnoit & leur liberté leur permettoit de soutenir leurs libertez par les voyes de droit, crurent que c'estoit donner une tres grande marque de leur moderation & de leur respect envers le Pape que d'avoir recours au Roy, & cependant se tenir dans le silence. Mais ils crurent aussy qu'ils devoient marquer que si sa Sainteté ne deferoit aux volontez du Roy pour l'entreprise & l'attentat de cette congregation ils chercheroient les moyens de se defendre dans l'usage de la puissance spirituelle que I. C. leur a donnée pour l'edification de son Eglise, & ils marquerent cela en termes fort doux pour Rome, quoy qu'assez significatifs, en disant qu'ils esperoient qu'aussitost que S. M. auroit fait connoistre au Pape que cette congregation luy avoit depleu, sa Sainteté repareroit l'entreprise, & que les Evesques ne seroient plus obligez de chercher d'autres voyes pour leur legitime defence. Ainsy la lettre fut écrite en ces termes.

LETTRE AV ROY.

SIRE,

Nous ne cherchions pas icy les occasions d'écrire à V. M. de nos affaires Ecclesiastiques, & nous nous contentions de la servir avec zele & fidelité dans les Estats, lorsque nous estant trouvez chez Monsieur de Carcassonne, Monsieur l'Archevesque de Toulouse nous communiqua un Decret du 18. de Janvier dernier dans la congregation de l'Indice, qui sous pretexte d'interdire la lecture d'un écrit appellé Cinquiéme memoire que nous ne connoissons point & auquel nous ne prenons aucune part, defend de retenir & de lire les deliberations, lettres circulaires, & autres actes de l'Assemblée du Clergé de l'année 1650. sur le jugement des Evesques, & mesme la Declaration de V. M. de l'année 1663. sur les articles de Sorbonne, le tout inseré dans ce Memoire : ce qui nous ayant donné lieu de faire des reflections qui nous sembloient regarder l'autorité de V. M. & la conservation de nos Droits & Privileges,

& Privileges, nous avions unanimement resolu de l'en informer. Mais lorsqu'il a fallu signer la lettre que nous avions projettée à ce dessein Monsieur de Toulouse l'a refusé pour des raisons qui nous sont inconnuës. Cependant, Sire, nous avons crû que nous ne devions pas laisser d'executer une resolution commune, & de supplier V. M. de considerer l'entreprise de cette Congregation, qui n'estant point reconnuë en France a pretendu de soûmettre à sa jurisdiction & vos Declarations & nos personnes par un attentat d'autant plus extraordinaire que son Decret ne porte ny l'approbation, ny le nom du Pape, attaquant ainsy l'independance & les droits de vostre Couronne aussy bien que ceux qui sont attachez à nostre caractere. L'honneur, Sire, que nous avons d'estre vos Sujets & vos Evesques nous attache à V. M. par nostre naissance & par la reconnoissance que nous devons à vos bien-faits, & connoissans que vostre justice & vostre pieté sont toûjours unies, nous sommes persuadez que V. M. en conservant son autorité maintiendra nos libertez & nos privileges. Nous esperons, Sire, qu'il sera tres-facile à V. M. de le faire, & qu'aussy-tost qu'elle aura fait connoistre au Pape que cette Congregation luy a déplû, sa Sainteté en reparera les entreprises, & les Evesques ne seront plus obligez de chercher d'autres voyes pour leur legitime defense. Cependant, Sire, nous demandérons à Dieu pour V. M. toutes les grandeurs de la terre & toutes les faveurs du Ciel, & nous serons avec une inviolable soûmission & une parfaite dependance, Sire, de vostre Majesté les tres &c.

    Monsieur l'Evesque de Viviers fut chargé d'en faire l'adresse à Monsieur de la Vrilliere Secretaire d'Estat, & de le prier de la presenter à S. M.

    Ces mesmes Prelats crûrent qu'ils devoient s'éclaircir de la verité touchant cét Acte de protestation qui avoit esté signifié à Monsieur l'Archevesque de Toulouse, encore qu'ils conneussent bien qu'il meritoit plus de mépris que d'indignation, & que c'estoit faire trop d'honneur à ceux qui avoient fait cét outrage à l'Eglise que de se mettre en peine de détruire une chose qui se détruisoit assez d'elle-mesme, puis qu'on ne sçauroit revoquer en doute que plusieurs Evesques estant ensemble ne puissent legitimement traiter des affaires de l'Eglise sans renoncer à l'Evangile & à Jesus-Christ, qui dit à ses Apostres & à toutes personnes à tous les Evesques, que lors que deux ou trois seroient assemblez en son nom il seroit au milieu d'eux, c'est à dire, qu'il les assisteroit de son Esprit, leur donnant à tous indivisiblement & solidairement par l'unité de leur Sacerdoce l'autorité de porter leurs jugemens sur les affaires communes de l'Eglise, soit en ce qui regarde la doctrine & la foy, soit en ce qui touche la discipline & les mœurs. Et qu'encore que ces assemblées particulieres ne puissent pas obliger tous les Fideles à se soûmettre à leurs decisions comme à des regles infaillibles, elles doivent neanmoins estre receuës de tous avec respect comme venans de ceux à qui le Fils de Dieu a dit, Que quiconque les écoute, l'écoute luy-mesme, & que quiconque les méprise le méprise. Et qu'enfin il faut estre tres-ignorant dans l'histoire Ecclesiastique pour ne sçavoir pas que nous avons un tres-grand nombre de Canons, qui ayans esté receus dans la suite des temps par toute l'Eglise & autorizez par la tradition de plusieurs siecles ont maintenant la mesme force que ceux des Conciles les plus celebres, quoy qu'ils ayent esté faits par des assemblées fortuites d'Evesques, qui se trouvans ensemble ou à l'occasion de quelque dedicace d'Eglise, ou de quelque consecration d'Evesque, ou de quelqu'autre ceremonie ecclesiastique, & mesmes des affaires temporelles & particulieres qui les obligeoint d'aller à la Cour des Empereurs, avoient creu devoir profiter de leurs assemblées pour le bien de l'Eglise, encore qu'on n'eust pas observé avec exactitude toutes les formalitez qui sont requises de droit pour la convocation des Conciles.

    Ces neuf Evesques prierent donc un d'entr'eux d'écrire à Monsieur le Vicaire general de Narbonne pour estre éclaircis de ce qu'avoit fait le Promoteur de l'Archevesché. Ils en receurent une lettre par laquelle il leur manda qu'aucun officier de l'Archevesché n'avoit jamais ouy parler de cét Acte, & ils receurent aussi en mesme temps le desaveu du sieur Valette, qui se qualifiant seul Promoteur de l'Archevesché faisoit assez connoistre que tout autre qui auroit fait un Acte en prenant la qualité de Promoteur auroit fait une fausseté.

Desaveu du sieur de Valette seul Promoteur de Narbonne.

L'An mil six cens soixante-sept & le premier jour du mois de Mars à Narbonne avant midy. Par-devant moy Notaire Royal de ladite ville presens les témoins bas nommez, a esté en personne M. Antoine Valette Docteur és droits seul Procureur fiscal & seul Promoteur de la Metropole & Primatie de Narbonne, lequel ayant esté averty qu'on avoit fait en son nom certain acte de protestation le 14. de Fevrier dernier & fait signifier iceluy à Messeigneurs les Prelats qui sont de present aux Estats de en Province en la ville de Carcassonne contre certaines resolutions qu'ils ont prises concernans les interests de leur ordre, ledit acte de protestation ou opposition estant mesmes conceu en des termes éloignez du respect deu à leur caractère, a declaré & declare comme il n'a jamais eu aucune connoissance ny dudit acte ny desdits resolutions, & comme il n'a donné aucune charge ny pouvoir à aucune personne pour faire aucun acte de cette nature, voulant mesme poursuivre par tout où besoin sera l'auteur dudit acte aussy-bien que le Notaire qui l'a retenu, à ce qu'il en soit fait un chastiment exemplaire, le desavoüant d'ors & déja, comme fait sans son ordre, veu, sceu ny consentement. Et afin de justifier sa conduite & se disculper tant envers mesdits Seigneurs les Prelats qu'envers le public, a requis moy Notaire de luy retenir acte dudit desaveu & presente declaration donnant plein pouvoir à d'en faire pareille & semblable au nom dudit sieur constituant Promoteur susdit à mesdits Seigneurs les Prelats en ladite ville de Carcassonne ou à chacun d'eux en particulier si besoin est, avec toutes clauses sur ce requises & necessaires. Concedé presents Louys Landes M. Bourelier de Narbonne, & Mathieu Capmagre M. Grpier de ladite ville, sous-signez avec ledit sieur Valette Promoteur à moy Guillaume Revel Notaire Royal de ladite ville requis. Signé Valette Procureur fiscal & Promoteur en la Metropole & Primatie de Narbonne, Louis Landes, M. Capmagre presens, Revel Notaire.

Mais par ce qu'ils avoient veu par la copie de cet acte que la protestation avoit esté faite non pas au nom du sieur Valette, mais au nom du sieur Reboul Chanoine en l'Eglise de S. Paul de Narbonne, ils voulurent estre eclaircis s'il avoit effectivement fait signifier l'acte, & pourquoy il prenoit la qualité de Promoteur, & ils prierent un des amis de Monsieur Reboul qui alloit à Narbonne de luy parler, mais ils sceurent bien-tost par la lettre qu'il écrivit & par le desaveu qu'il envoya qu'il estoit aussy peu auteur de l'acte que le sieur Valette.

Lettre de Monsieur Reboul.

M.

J'ay appris avec une extreme surprise par Monsieur l'Abbé de N. qu'on avoit signifié quelque acte à Monseigneur l'Archevesque de Toulouse en mon nom comme Syndic du Clergé de la Province de Narbonne sans qu'il m'ait dit positivement ce que cet acte contenoit, mais seulement M. qu'il l'avoit appris chez vous, & c'est ce qui m'oblige à vous assurer qu'outre que je n'ay pas esté à Carcassonne depuis le mois de Septembre, je n'ay songé icy à rien moins qu'à faire des actes pour estre signifiez à pas un de Nosseigneurs les Prelats. Je suis en estat d'aller dire en personne à qui l'on voudra ce que je me donne l'honneur de vous écrire si vous le trouvez à propos pour justifier cette verité de laquelle je vous supplie M. d'estre persuadé & de me croire avec tout le respect possible. M. vostre tres-humble & tres-obeissant serviteur Reboul. à Narbonne le 2. Mars 1667.

Monsieur Reboul ne pouvant souffrir qu'on se fust servi de son nom pour faire une fausseté aussy insolente & aussy impie que celle de cét acte vint luy mesme à Carcassonne & les neuf Prelats s'estans rendus chez M. l'Evesque de Viviers à sa priere, ils apprirent de sa bouche qu'il n'estoit point Promoteur ny Syndic du Clergé de Narbonne, mais qu'à la verité il avoit esté prié d'officier pour Promoteur à la derniere assemblée Provinciale de Narbonne par le sieur de Tressan qui y fit la fonction de Vicaire general comme il l'a faite cette année dans les Estats & qu'il avoit esté substitué à la charge de Syndic par celuy qui l'estoit pour en faire quelquefois la fonction en son absence. Mais qu'il ne s'estoit servi ny de l'une ny de l'autre de ces deux qualitez pour faire une action aussy indigned'vn Ecclesiastique qu'auroit esté celle de faire faire la signification de cét acte à Monsieur l'Archevesque de Toulouse ou à quelqu'autre de Messieurs les Prelats pour qui il avoit trop de respect, & afin mesme de temoigner l'indignation qu'il avoit conceuë de l'injure qu'on luy avoit faite de s'estre servi de son nom pour un si infame procedé, il apporta une Requeste qu'il avoit presentée à l'Official de Narbonne par laquelle il demandoit permission de faire informer de cette fausseté pour en faire punir l'auteur par toutes voyes deuës & raisonnables, au bas de laquelle l'Official avoit mis soit enquis. En voicy la copie & Messieurs les neuf Evesques enont veu l'original.

REQVESTE DV SIEVR REBOVL

A Monsieur le Vicaire General & Official Metropolitain de Monseigneur l'Archevesque & Primat de Narbonne.

Vpplie humblement François de Reboul Chanoine en l'Eglise saint Paul de Narbonne faisant la charge de Syndic & Promoteur du Clergé de la Province de Narbonne pour Monsieur M. Bernard de Castera de Sournia Chanoine en l'Eglise sainte & Metropolitaine dudit Narbonne, & Syndic dudit Clergé, Qu'estant venu à sa connoissance qu'on auroit fabriqué certain acte en la ville de Carcassonne en datte du 24. de Fevrier dernier en son nom pour estre signifié à Monseigneur l'Archevesque de Toulouse, ce qui a esté fait le mesme jour par le nommé Hugues Ichebert soy disant Prestre du Diocese de Carcassonne. Et d'autant que le suppliant n'a jamais fait ny signé ledit acte, & que cette entreprise merite punition, plaira de vos graces, Monsieur, ordonner qu'il sera informé de vostre autorité contre les auteurs dudit acte, pour enqueste à vous raportée estre ordonné contre les coupables ce qu'il appartiendra, & ferez bien. REBOVL.

SOIT enquis par le premier Docteur gradué ou Notaire catholique, pour sur ladite enqueste estre ordonné ce que de droit. Apointé à Narbonne le 3. Mars 1667.

Ainsy signé, DV FERRIER Vicaire general & Official.

Le sieur Reboul ne se contenta pas d'avoir declaré verbalement qu'il n'avoit point de part à cét acte. Mais il supplia les neuf Prelats de trouver bon qu'il leur fist signifier son desaveu en forme, ce qui fut fait.

Acte de signification de desaveu du sieur Reboul.

L'An mil six cens soixante-sept & le cinquième jour du mois de Mars dans la ville de Carcassonne apres midy. Pardevant moy Notaire royal en presence des témoins bas nommez, a esté en personne constitué Victor Gaillard praticien au Palais, faisant pour & au nom & comme procureur specialement fondé par Monsieur M. François de Reboul Chanoine en l'Eglise Collegiale de S. Paul de Narbonne, faisant la charge de Syndic & Promoteur au Clergé de la Province dudit Narbonne pour Monsieur M. Bernard de Castera de Sournia Chanoine en l'Eglise sainte & Metropolitaine dudit Narbonne par procuration de ce jourd'huy passée pardevant moy Notaire, lequel ayant la presence de Messeigneurs les Evesques de Viviers, de Montauban, d'Vsez, de Comenge, de Castres, de Mirepoix, Lodeve, Rieux, & S. Pons, leur a notifié & deuëment fait à sçavoir l'acte de desaveu de certain acte supposé fait au nom dudit sieur Reboul sans son sceu datté du 24. Fevrier dernier dans cette ville de Carcassonne pour estre notifié à Monseigneur l'Archevesque de Toulouse comme il l'a esté par un nommé Ichebert Prestre du Diocese de Carcassonne, quoy qu'il soit tres veritable que ledit sieur Reboul n'a pas esté en cette ville depuis le mois de Septembre dernier, moins encore a-t'il signifié ledit acte ny donné ordre de faire ladite notification à Monseigneur l'Archevesque de Toulouse ny à autres, comme plus amplement est contenu dans ledit acte de desaveu fait par ledit sieur Reboul devant M. Antoine Chopie Notaire dudit Narbonne le 3. de ce mois de Mars, lesquels Seigneurs Evesques de Viviers, de Montauban, d'Vsez, de Comenge, de Castres, de Mirepoix, de Lodeve, de Rieux & de S. Pons, tous mesdits Seigneurs trouvez dans le logis de Monseigneur de Viviers, ont requis copie de cét acte qui a esté baillée à chacun de mesdits Seigneurs. De quoy à la requisition dudit Gaillard audit nom a esté retenu acte pour servir & valoir audit sieur Reboul ce que de raison, presens Basille Negre & Iean Austric praticiens dudit Carcassonne signez avec ledit Gaillard, & non mesdits Seigneurs quoy que requis, à l'original retenu par moy Nicolas Austric Notaire Royal dudit Carcassonne sous signé. Austric Notaire.

Tout ce que ces Prelats ont peu découvrir de ce mystere d'iniquité a esté que ceux que personne ne doute avoir composé ce faux acte estoient amis de longue main de Monsieur Reboul, & qu'ils s'estoient persuadés qu'il ne desavoüeroit pas ce qu'ils auroient fait en son nom. Mais il témoigna bien qu'un cœur vrayement noble, & qu'un Ecclesiastique touché du sentiment de sa profession sçait renoncer à de telles amitiez quand il les faut conserver aux dépens de l'honneur & de la conscience.

Apres ces éclaircissemens que le sieur Reboul donna à ces Prelats, ils prierent tous Monsieur l'Evesque de Viviers d'écrire à Monsieur l'Archevesque de Narbonne pour luy faire sçavoir la verité de ce qui s'estoit passé, afin que des esprits broüillons ne luy fissent pas entendre qu'on eust voulu se servir de son absence pour entreprendre sur son autorité Metropolitaine, & faire quelque assemblée contraire à ses droits, & sans son consentement dans sa province.

Et en verité il est fort étrange que l'on ait voulu faire passer pour une entreprise sur l'autorité de Monsieur l'Archevesque de Narbonne la resolution commune que ces Prelats avoient prise d'écrire au Roy sur une affaire aussy importante à l'Eglise qu'estoit celle dont il s'agissoit, en mesme temps, & presque le mesme jour qu'ils en avoient signé un autre pour une affaire de Montpellier sur le fait de la Religion, laquelle est signée de ces neuf, & encore de Monsieur l'Archevesque de Toulouse, & des quatre autres qui à son exemple s'estoient separez de leurs Freres; & toutes les personnes qui ont regardé ce procedé avec desinteressement ont esté surpris que ceux mesmes qui ayant eu besoin pour leurs affaires particulieres des seings de leurs Confreres les avoient trouvez tous disposez à entrer solidairement dans tous leurs besoins par la consideration de l'unité de l'Episcopat, ayent trouvé des raisons pour se separer lorsqu'il en a fallu soûtenir les droits les plus essentiels. Car peu de jours auparavant tous les Prelats des Estats avoient signé une lettre écrite au Roy pour une affaire de Monsieur l'Evesque de Carcassonne, & une autre pour l'interest de Monsieur l'Evesque du Puy; & l'on auroit sans doute alors trouvé fort mauvais qu'on eust soûtenu que les Prelats de Languedoc n'avoient droit de traiter entre eux que des interests temporels de la province, ou que l'on eust recherché le ministere de quelque grand Vicaire postiche du Metropolitain de la province, ou le fantosme d'un Promoteur supposé pour protester contre les assemblées qui se faisoient à la priere d'un Prelat qui desiroit qu'on l'aidast contre l'entreprise d'une Religieuse, ou contre une lettre commune qu'on écrivoit à S. M. pour soûtenir le droit qu'un autre Evesque avoit eu d'entrer dans la chambre des Grands Iours lors qu'elle estoit dans son Diocese où probablement il ne la reverra jamais.

Et pour montrer aussy que ceux qui alleguoient ces pretenduës raisons de discipline pour éluder une resolution aussy juste qu'estoit celle des neuf Evesques en estoient fort peu touchez, nul d'entr'eux ne fit aucune difficulté le lendemain que la lettre fut partie de se trouver chez Monsieur l'Archevesque de Toulouse pour traitter des affaires des pauvres de la province. Et il ne sert de rien de dire que l'affaire des pauvres avoit esté proposée dans les Estats. Car les quatorze Evesques s'assemblerent separément des deux autres ordres pour parler des interests du leur. Et si les Prelats n'avoient droit par leur caractere de parler des affaires de l'Eglise, il ne leur auroit pas esté permis de s'assembler sans les deux autres ordres, & cela passeroit pour un monopole & une faction. Ainsy comme les neuf Evesques ne traiterent dans leurs assemblées chez Monsieur l'Evesque de Viviers que des choses qui regardent le service de Dieu, de l'Eglise & du Roy, non plus qu'en celle qui se fit le lendemain chez Monsieur l'Archevesque de Toulouse, il n'y a guere d'apparence de les blasmer, si on ne veut dire sans fondement & avec contradiction qu'une mesme chose peut-estre dans les mesmes circonstances legitime & criminelle.

Monsieur l'Evesque de Viviers donc écrivit à la priere de tous Messieurs ses Confreres la lettre suivante à Monsieur l'Archevesque de Narbonne. Il la leur communiqua, ils l'approuverent, & se separerent en mesme temps.

Lettre de Monsieur l'Evesque de Viviers à Monsieur l'Archevesque de Narbonne.

MONSEIGNEVR,

Pour m'acquitter du respect particulier que j'ay pour vostre personne & de la commission que m'ont donnée la plus grande partie de Messeigneurs les Evesques qui se trouverent actuellement aux Estats de nostre Province: je vous diray, Monseigneur qu'il y a environ douze jours que nous estant trouvez chez Monseigneur de Carcassonne. Monseigneur l'Archevesque de Toulouse nous communiqua un Decret du 18. Ianvier dernier de la congregation de l'Indice, lequel sous pretexte d'interdire la lecture d'un écrit appellé Cinquième memoire, defend celle des deliberations, lettres circulaires, & autres actes de l'Assemblée du Clergé de l'année 1650. sur le jugement des Evesques, & mesme la Declaration du Roy de l'année 1663. sur les articles de Sorbonne. Les reflexions que nous fismes ensemble pour la conservation de l'autorité de S. M. & de nos Droits & Privileges nous firent projetter de l'en informer par une lettre tres respectueuse: Monseigneur de Toulouse qui avoit assisté à la conference refusa ensuite de la signer, pour des raisons qui nous sont inconnuës, & c'est ce qui fit prendre le party à Messeigneurs les Evesques de Montauban, d'Vsez, de Comenge, de Castres, de Mirepoix, de Lodeve, de Rieux, & de S. Pons, de me faire l'honneur de se rendre chez moy pour consommer nostre projet.

Nous

Nous signasmes la lettre dont nous vous envoyons presentement la copie, & nous fusmes avertis apres nostre separation qu'un certain Prestre nommé Hugues Ichebert avoit fait un acte sous le nom de vostre Promoteur à Monseigneur l'Archevesque de Toulouse de ne se pas trouver à cette Assemblée. On a soûtenu ensuite que le mesme acte qui est conceu en termes tres injurieux pour nous m'avoit esté signifié en la personne de mon Aumosnier qui n'en eut pourtant aucune connoissance. Et comme ce procedé & cette imposture ne pouvoient avoir qu'un dessein tres pernicieux, nous avons envoyé à Narbonne pour tirer des preuves du fait, & nous avons eu un desaveu du sieur Valette vostre Promoteur. Mais parce que l'acte a esté fait au nom du sieur Reboul qui fut pris d'office par le sieur de Tressan vostre Vicaire general en l'Assemblée Provinciale de l'année 1665. nous nous sommes adressez au mesme sieur de Reboul qui a desavoüé cet acte aussi-bien que le sieur Valette, & mesme a demandé la punition de cette faussesté par requeste qu'il a presentée à vostre Official. Recevez s'il vous plaist, Monseigneur, le compte que nous vous rendons de tout le detail de ce qui s'est passé dans un des Dioceses de vostre Province comme une marque sincere de la consideration que nous avons pour vostre personne, & soyez persuadé que je suis avec respect,

MONSEIGNEUR,

Vostre tres-humble & tres-obeïssant
serviteur & Confrere
L. DE SUSE Evesque de Viviers.

Depuis la separation de ces Prelats & leur retour dans leurs Dioceses, Monsieur l'Evesque de Viviers a receu réponse de Monsieur de la Vriliere Secretaire d'Estat par laquelle il paroist que le Roy a approuvé le sentiment de ceux qui ont eu recours à sa protection pour la defense & de l'autorité Royale & de celle de l'Eglise, & que S. M. veut soûtenir fortement l'une & l'autre. Voicy la copie de la lettre de Monsieur de la Vrilliere.

Lettre de Monsieur de la Vrilliere Secretaire d'Estat à Monsieur l'Evesque de Viviers.

MONSIEUR,

J'ay receu la lettre qu'il vous a pleu m'écrire du 2. de ce mois accompagnée de celle que la plus grande partie de Messieurs les Evesques ont écrite au Roy, dont ayant fait lecture à S. M. elle m'a temoigné vouloir en cette occasion avoir égard non seulement à son autorité, mais encore aux droits & Privileges de Messieurs les Prelats apres que cette affaire aura esté examinée. C'est dont je vous puis asseurer & que je suis toûjours,
MONSIEUR,

A S. Germain en Laye
ce 12. Mars 1667.

Vostre tres-humble & tres-affectionné
serviteur LA VRILIERE.

Comme les desseins de ceux qui attaquent l'Eglise ne peuvent tourner qu'à leur entiere confusion, Monsieur l'Archevesque de Narbonne est entré dans l'interest de l'Eglise aussi-bien que ses Confreres. Ainsy qu'il paroist par la réponse suivante qu'il a faite à la lettre que Monsieur l'Evesque de Viviers luy avoit écrite.

Lettre de Monsieur l'Archevesque de Narbonne à Monseigneur l'Evesque de Viviers.

MONSEIGNEUR,

La lettre que vous m'avez fait l'honneur de m'écrire m'apprend une nouvelle qui m'auroit extremement surpris si Monsieur du Ferrier ne m'en avoit écrit le detail en mesme temps. Je ne sçay à qui je me dois prendre d'un acte qui est desavoüé de tout le monde & du sieur Reboul mesme au nom duquel on dit qu'il a esté fait. Ie m'éclairciray encore davantage de cette affaire, & quel motif on a peu avoir de faire cét acte, si ie puis apprendre qui en est l'auteur, vous priant d'asseurer Messeigneurs mes Confreres qui y prennent interest que ie serois bien fasché qu'aucun de mes Officiers leur eust donné le moindre sujet legitime de plainte, & vous particulierement que j'ay toûjours fort honoré & estimé comme je dois. Ie vous conjure d'en estre persuadé, & que je seray toute ma vie,

MONSEIGNEUR,

d'Alençon le dernier
Mars 1667.

Vostre tres-humble & tres-obeissant
serviteur & Confrere
FRANÇOIS Archevesque de Narbonne.

Cette réponse doit accabler les auteurs de l'acte de protestation qui a esté rapporté cy-dessus, s'ils ont encore quelque reste de sentiment de conscience & d'honneur.

15. Decembre 1667.